하루키를
찾아가는
여행

일러두기

- 단행본 책의 표기는 《 》로, 영화, 잡지, 신문, 기사 등의 표기는 〈 〉로 하였습니다.
- 인용된 인터뷰 내용은 참고 문헌에 기사의 출처를 상세하게 밝혀 두었습니다.

파인딩 하루키 여정을 따라

하루키를 찾아가는 여행

신성현 지음

村上春樹

낭만판다

프롤로그 _6

차례

Part 1 한신칸에서 만난 소년 하루키

1. 하루키 어린 시절의 추억과 만나다 : 고베 도보 여행(1) _16
   하루키가 어린 시절 살았던 동네 : 니시노미야

2. 하루키 초기 작품과 학창 시절 : 한신칸 _36
   하루키 초기작에 자주 등장하는 지역 : 아시야

3. 하루키와 함께 철로를 따라 걷다 : 고베 도보 여행(2) _54
   한큐 전철 노선 : 아시야 ~ 고베

4. 고베 도보 여행의 마지막 날 : 고베 도보 여행(3) _68
   하루키의 학창 시절 : 고베 산노미야

Part 2 교토에서 만난 청년 하루키

1. 《노르웨이의 숲》의 나오코를 찾아서 : 교토(1) _92
   나오코가 있던 아미료 요양원 : 히로가와라

2. 하루키가 사랑하는 러닝 코스 : 교토(2) _108
   교토 시민들의 휴식처 : 가모가와 강

3. 어린 시절 아버지와의 추억 : 교토(3) _118
   아버지를 따라 방문한 곳 : 겐주암

4. 영화 〈노르웨이의 숲〉의 촬영지 1 : 효고 현(1) _124
   와타나베의 울부짖음 : 이마고 해안

5. 영화 〈노르웨이의 숲〉의 촬영지 2 : 효고 현(2) _132
   아미료 요양원의 촬영지 : 도노미네 고원

Part 3 시코쿠 우동 여행을 떠난 하루키

1. 시코쿠에서 만난 《해변의 카프카》 : 시코쿠(1) _148
   한적한 동네 : 고치

2. 시코쿠 우동 여행을 떠나다 : 시코쿠(2) _158
  사누키 우동으로 유명한 곳 : 가가와

3. 또 다른 세계 다카마쓰 시내 탐험 : 시코쿠(3) _174
  새로운 세계가 펼쳐지는 곳 : 다카마쓰

4. 핵 시설에 대한 하루키의 비판 : 히로시마 _188
  과오를 반복하지 않기 위한 곳 : 히로시마 평화 기념 공원

Part 4 도쿄에서 만나는 하루키

1. 도쿄에서 맞는 대학 생활의 시작 : 도쿄(1) _206
  하루키의 대학 시절 : 와세다 대학

2. 패기 넘치는 피터캣 시절의 청년 하루키 : 도쿄(2) _224
  삶의 흔적이 녹아 있는 주오센

3. 고속도로 휴게소와 하루키의 사무실 : 도쿄(3) _244
  시코쿠로 향하는 고속도로의 휴게소

4. 《노르웨이의 숲》을 따라 걷다 : 도쿄(4) _260
  나오코와 미도리와의 각기 다른 데이트

5. 《1Q84》의 세계로 들어가다 : 도쿄(5) _274
  덴고와 아오마메를 찾아서

6. 《세계의 끝과 하드보일드 원더랜드》 : 도쿄(6) _292
  현실과 이상, 어느 곳에 머물까

7. 하루키의 오이소 자택을 찾아서 : 도쿄(7) _300
  하루키가 사는 곳 : 오이소

Part 5 홋카이도에서 만나는 하루키

도쿄에서 홋카이도 하코다테로 : 홋카이도 _320
양사나이를 찾아가는 여행

에필로그 _332   참고 문헌 _334

프롤로그

무라카미 하루키(村上春樹)를 처음 접한 것은 그의 열 번째 작품인 《해변의 카프카》였다. 대학 4학년 때 광화문 교보문고에 진열된 파란색의 표지에 이끌려 집어들었고 그 자리에서 몇 페이지 읽어 본 후 바로 하권까지 사들고 와서 밤새 읽었다. 그렇게 만난 하루키는 내 혼을 쏙 빼놓았다.

카프카 소년과 나카타 노인의 여정을 통해 그들에 대한 연민과 폭력에 대한 분노, 그리고 재생의 메시지를 통해 많은 위로를 받았다. 이후 회사 생활을 하면서 그의 신작을 기다리다가 《어둠의 저편》을 보며 다시 한 번 흥분했고, 전작주의자로서 하루키의 초기작부터 근작까지 차근차근 탐독하게 되었다.

자연스럽게 작품 해설에도 관심을 갖게 되어, 국회도서관 논문 자료부터 국내 독자들에게 잘 알려지지 않은 해외 인터뷰 자료까지 찾아보면서, 블로그를 통해 하루키의 소식을 전달하기 시작했다. 하루키의 근작 《1Q84》의 출간 소식부터 차근차근 정리를 시작한 것이 벌써 5년째가 되었다.

대학 졸업 후 군대에 갔고 전역 후 바로 회사 생활을 시작해 7년이 흘렀다. 그 사이 회사 생활에 피로감을 느꼈고, 삶의 전환점이 필요했다. 그렇다고 다시 공부를 시작할 정도의 용기는 없었다. 다만, 정말 좋아하는 무언가를 하고 싶다는 생각만 자리 잡고 있었다. 그래서 다니던 회사를 그만두고 10년을 곁에 두고 지낸 하루키 작품들의 배경과 그 장면 속으로 들어가 보는 여행을 떠나게 되었다.

나는 이 여행을 스스로 B급 여행이라 부르기로 했다. 사실 여행을 하면서 그 흔하디 흔한 오사카 도톤보리의 오코노미야키도, 고베의 규로 만든 니쿠 가스도 먹어 보지 못했다.(물론 맥주는 실컷 먹었다.) 이 B급 여행을 누군가가 알아봐 주었으면 하는 마음도 없었다. 좋아서 하는 것 그뿐이면 되었다.

여행을 다녀온 후, 하루키를 좋아하는 사람들과 공유하기 위해 여행 내용을 블로그에 조금씩 포스팅하게 되었고, '파인딩 하루키 여행'을 눈여겨보신 편집장님을 만나 이렇게 책으로 엮을 수 있게 되었다.

여행은 크게 6개 지역을 거점으로 24일간 진행되었다. 하루키 문학의 근원인 한신칸 지역을 시작으로 교토, 효고 현, 《해변의 카프카》의 주 배경지인 시코쿠, 그리고 도쿄, 홋카이도까지 돌아보았다. 다녀온 곳 모두 하루키의 작품에 등장하거나 그의 일상의 향기가 배어 있는 곳으로, 10년지기 하루키 팬에게 진한 감동을 주기에 부족함이 없었다.

지금 이 책을 읽고 있는 독자들에게도 그 감동이 전해지기를 바란다.

- 신성현

무라카미 하루키 연혁

村上春樹

연도	내용
1949	1월 12일 교토에서 출생. 교사인 아버지의 전근을 따라 니시노미야, 아시야로 이사 후 고등학교까지 생활.
1968	고베 고등학교 졸업 후, 재수를 해서 와세다 대학 제1문학부 영화연극과 입학. 5월 니혼 대학을 시작으로 전공투 운동이 전개됨.
1971	다카하시 요코와 결혼.
1974	고쿠분지에 재즈 카페 '피터캣' 오픈.
1975	7년만에 와세다 대학 졸업.
1977	재즈 카페 '피터캣'을 센다가야로 옮김.
1979	《바람의 노래를 들어라》로 데뷔. 군조 신인 문학상 수상.
1980	《1973년의 핀볼》 발표.
1981	전업 작가가 되기로 결심하고 재즈 카페 양도.
1982	《양을 쫓는 모험》 발표. 노마 신예 문학상 수상.
1985	네 번째 소설 《세계의 끝과 하드보일드 원더랜드》로 다니자키 준이치로상 수상.
1986	유럽으로 출국 후 3년여 동안 체류.
1987	리얼리즘 소설에의 도전으로 쓴 《노르웨이의 숲》으로 대중적인 인기.
1988	초기 쥐 3부작의 연장선상에 놓인 《댄스 댄스 댄스》 발표.
1990	일본으로 귀국. 《먼 북소리》 발표.
1991	미국 프린스턴 대학교 객원 교수로 초빙됨.(1993년 터프츠 대학으로 옮김)
1992	《국경의 남쪽, 태양의 서쪽》 발표.
1993	《태엽 감는 새》 1, 2부 발표.

1995	고베 대지진 발생(1월). 도쿄 지하철 사린 테러 발생(3월). 4년간의 미국 생활을 마치고 귀국(6월). 《태엽 감는 새》 3부 발표(8월).
1996	《태엽 감는 새》로 요미우리 문학상 수상.
1997	도쿄 사린 테러 사건 인터뷰집인 《언더그라운드》 발간으로, 커미트먼트로의 작가적 전환. 가와이 하야오와의 교토 대담 《하루키, 하야오를 만나다》 출간.
1998	고베 대지진의 상흔을 체험한 〈고베 도보 여행〉 편이 실린 《하루키의 여행법》 출간.
1999	《스푸트니크의 연인》 발표. 《약속된 장소에서(언더그라운드2)》로 구와바라 다케오 학예상 수상.
2001	미국 9·11 테러 발생.
2002	《해변의 카프카》 발표. 미국 〈타임〉에서 올해의 책으로 선정.
2004	《어둠의 저편》 발표. 프린스턴 대학에서 명예박사(문학) 학위 수여.
2006	프란츠 카프카 상 수상. 프랑크 오코너 국제 단편상 수상. 《해변의 카프카》로 세계 환상 문학 대상 수상.
2007	가와이 하야오 별세. 제1회 와세다 쓰보우치 대상 수상.
2008	아버지 무라카미 치아키 별세.
2009	예루살렘상 수상. 스페인 예술 문학 훈장 수훈. 《1Q84》 발표.
2011	동일본 대지진 발생(3월), 카탈로니아 국제상 수상. 수상 연설에서 핵 개발 반대에 대한 강력한 메시지로 화제(6월).
2012	고바야시 히데오상 수상. 하와이 대학에서 명예박사(인문학) 학위 수여.
2013	《색채가 없는 다자키 쓰쿠루와 그가 순례를 떠난 해》 발표.
2014	《1Q84》로 제7회 아테네상 외국 문학상 수상. 일본 정부의 핵 정책에 대해 비판.(네덜란드, 오스트리아의 신문사 등과 인터뷰) 하루키 에세이의 삽화를 주로 맡았던 동반자 안자이 미즈마루 별세. 터프츠 대학에서 명예박사(문학) 학위 수여.

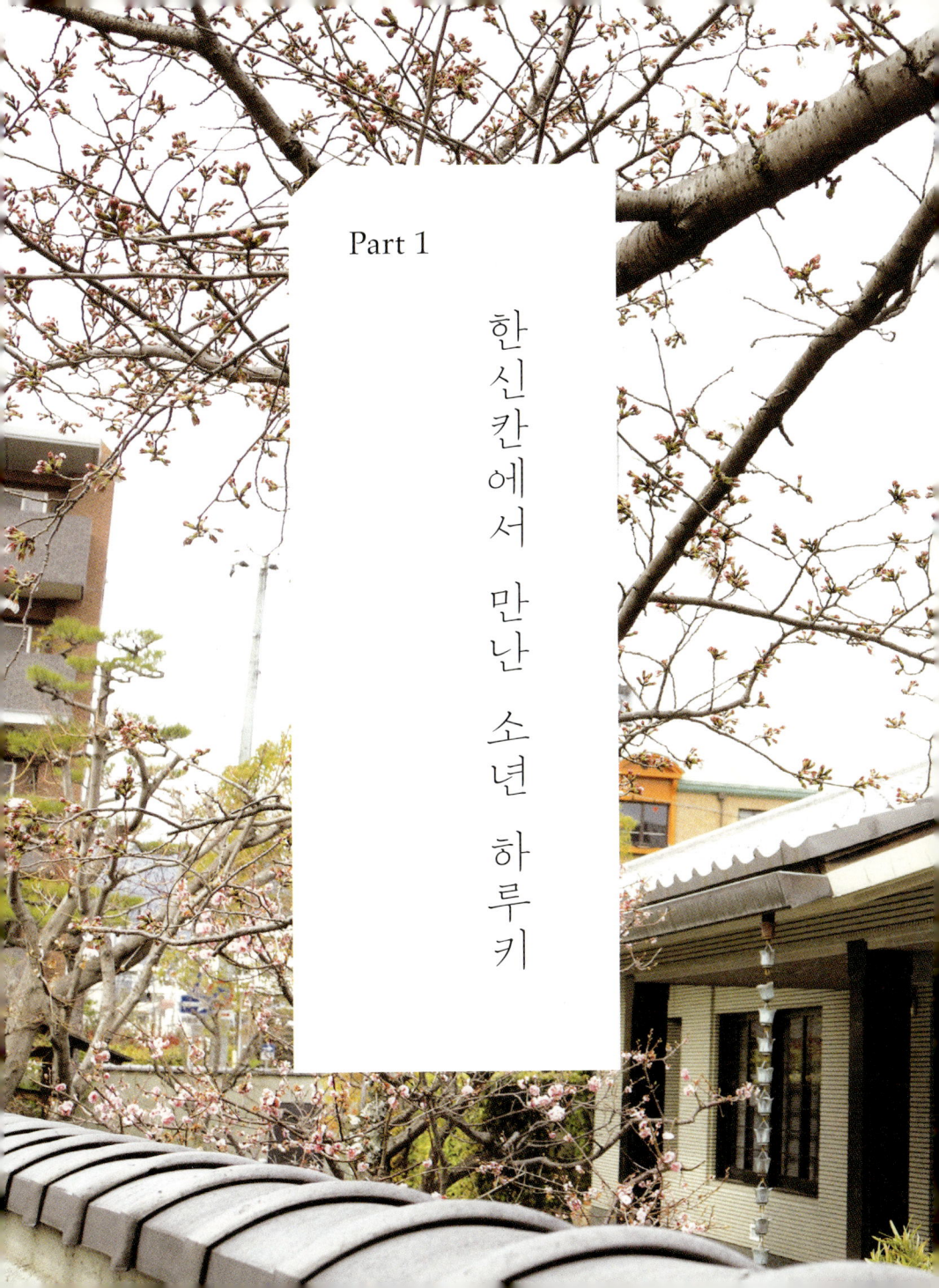

Part 1

한신칸에서 만난 소년 하루키

간사이 국제 공항으로 출국하는 날 동생이 기념이라며 찍어 준 사진이 여행 내내 소중한 테마가 될 줄은 몰랐다. 《노르웨이의 숲》Norwegian Wood의 미국 번역판을 들고 사진을 찍으면서 하루키春樹를 꼭 만나 보자고 다짐했다.

오후 3시경 간사이 국제 공항에 도착하며 《노르웨이의 숲》에서 40세의 와타나베가 함부르크 공항에 착륙할 때의 기분을 알 수 있을까 싶었지만, 네 번째 방문한 일본의 공기가 조금 낯설게 느껴지는 정도였다.

시내로 들어가기 위해 철도 노선을 살펴보다가 하루키春木 역을 발견했다. 한자의 뜻은 다르지만 엄연한 하루키 역이었다. 간사이 공항에서 오사카 시내로 들어가는 사람들은 대부분 난카이센 급행 열차를 이용하는데, 나는 중간에 내려 하루키 역을 둘러보기로 했다. '봄의 나무'라는 뜻의 하루키 역에 도착하니 '파인딩 하루키' 여정을 응원해 주는 듯한 기분이 들었다.

벚꽃이 피기 시작한 하루키 역을 구경하고 오사카 시내로 들어와 게스트 하우스에 짐을 풀었다. 룸메이트 브리짓은 호주에서 일본어를 공부하러 온 학생이었는데, 하루키를 몰라서 대화를 더 이어 가지는 못했다. 숙소를 나와 동네를 산책하다가 저렴한 규동집에서 저녁을 먹고, 일본의 중고 서점 체인인 북오프Book Off에서 일본어판 《해변의 카프카》 상권과 《무라카미 라디오》 1편을 집어 들었다.

숙소로 돌아오는 길에 편의점에 들러 치약과 우산, 캔맥주, 그리고 내일 아침으로 먹을 새우 주먹밥과 녹차를 샀다. 파티에 가 버린 브리짓의 빈 자리를 느끼며 내일부터 시작될 본격적인 '파인딩 하루키' 일정을 점검하고 하루 일정을 마무리했다. 책을 좀 읽어 두고 싶었지만 금세 잠이 들어 버렸다.

1. 2. 3. 하루키 역
4. IM 게스트 하우스
5. 숙소에서 바라본 오사카의 전경
6. '파인딩 하루키' 여행을 시작하며 만든 명함
7. 북오프 서점에서 본 하루키 섹션
8. 간사이 공항으로 출국 전《노르웨이의 숲》 영문판 책을 들고

하루키 역 春木駅
주소 大阪府岸和田市春木若松町14-6
위치 난카이센 특급 열차 이용

IM 게스트 하우스
주소 大阪府大阪市生野区勝山北 2-7-2
전화 080-5317-9479
위치 JR 모모다니(桃谷) 역에서 도보 6분. 쓰루하시 역(鶴橋)에서 도보 15분
요금 4인실 2,000엔부터

하루키 어린 시절의 추억과 만나다

고베 도보 여행(1)
하루키가 어린 시절 살았던 동네 : 니시노미야

하루키를 찾아가는 여행 '파인딩 하루키'의 본격적인 첫날이 밝았다. 간밤에 내린 비로 거리는 살짝 젖어 있었다. 아침 일찍 게스트 하우스를 나서는 발걸음은 설레는 기분만큼이나 가벼웠다.
파티에 다녀와 감기에 걸린 브리짓이 새벽에 계속 기침을 하는 바람에 늦잠과는 거리가 멀어진 덕도 있었다. 브리짓의 감기가 걱정되기는 했지만, 일찍 눈을 뜬 김에 서둘러 여정을 시작하기로 했다.
여정의 시작은《하루키의 여행법》에 나온 하루키의 〈고베 도보 여행〉편과 같이 니시노미야西宮에서 고베神戸로의 도보 여행을 따라가며, 하루키의 유년 시절과 학창 시절을 살펴보는 것이다. '파인딩 하루키' 여정의 첫 번째 장소로 한신칸을 택한 것은 이동 경로상의 이유도 있었지만, 하루키의 삶의 근간이 되는 지역을 먼저 둘러보고 싶었기 때문이다.

《하루키의 여행법》에 나오는 하루키의 '고베 도보 여행'은 15km 정도 되는 거리로, 아시야 시에서 시작해 고베까지 이어진다. 하루키는 첫날 아시야芦屋 시에 들어가기 전 아시야芦屋 역에 붙은 야구 포스터를 보고 갑자기 고시엔甲子園 구장에 야구 경기를 보러(일요일이었다) 가면서, 첫날의 일정은 그렇게 끝나 버렸다. 그러고는 산노미야三宮에서 하룻밤을 묵은 뒤, 다시 한큐阪急 센 아시야가와芦屋川 역에서 도보로 시작해 산노미야 역까지 걸었다.

한신 지역을 운행하는 철도는 JR, 한신, 한큐 세 가지 노선이 있는데, 하루키는 첫날은 한신센을, 둘째 날은 한큐센을 따라간다. 나 역시 하루키의 일정을 따라가기로 했다. 다만, 하루키와 같이 도중에 야구 경기를 보러 가지 않기 위해, 위치상 가장 빨리 닿게 되는 고시엔 구장을 먼저 둘러보기로 했다.

> **Tip**
> **쓰루하시 역에서 고시엔 역으로 가는 쾌속 급행 열차**
> 게스트 하우스가 있던 오사카의 쓰루하시(鶴橋) 역에서 고베(神戶)로 가는 한신 난바센 쾌속 급행 열차를 이용하면 고시엔(甲子園) 역까지 빠르게 갈 수 있다.

MAP 니시노미야

❶ 고시엔 구장
주소 兵庫県西宮甲子園町 1-82
위치 한신 고시엔 역에서 도보 3분

❷ 니시노미야 역
주소 兵庫県西宮市甲風園1-2

❸ 니시노미야 신사
주소 兵庫県西宮市社家町 1-17
위치 JR·한신 니시노미야 역 남쪽 출구에서 광장을 지나, 상점가 길로 들어서 네 블록을 지나 오른쪽으로 돌면 니시노미야 신사의 입구가 보인다.

❹ 하루키가 방문했던 초밥집
주소 兵庫県西宮市前浜町 6-16 1F
위치 니시노미야 신사에서 남쪽으로 도보 15분, 한신 고로엔 역에서 도보 10분

❺ 하루키 가족이 처음 살았던 집
주소 兵庫県西宮市中浜町 3
위치 한신 고로엔(香櫨園) 역에서 도보 10분, 고요가쿠인 중학교 뒤편 주차장

❻ 슈쿠가와 오아시스 로드
주소 兵庫県西宮市結善町夙川公園
위치 한신 고로엔 역 북쪽 출구에서 북쪽 JR 슈쿠가와 역까지 이어진 길, 슈쿠가와 공원 일대

❼ 오마에하마 공원
주소 兵庫県西宮市西波止町 1
위치 한신 고로엔 역에서 남쪽 해안 방향으로 약 1.6km, 도보 20분

❽ 하루키 가족이 두 번째 살았던 집
주소 兵庫県西宮市川添町 6
위치 초밥집 터에서 도보 5분, 공원 벤치 옆

❾ 카페 타마스
주소 兵庫県芦屋市呉川町 12
위치 한신 우치데 역에서 도보 10분

❿ 다니자키 준이치로 문학 기념관
주소 兵庫県芦屋市伊勢町 12-15
위치 한신 아시야 역에서 도보 15분

하루키가 꼽은 가장 아름다운 야구 구장
고시엔

고시엔甲子園은 고교 야구의 메카로, 아다치 미쓰루의 만화책에서 갑자원이라고 번역되어 우리에게는 갑자원이라는 표현이 더 친근하다. 고시엔에서는 아침 9시부터 고교 야구 대회가 열려, 학생들로 구성된 응원단이 각종 응원 도구를 들고 경기장 입장을 기다리고 있었다.
하루키가 가장 아름다운 야구 구장이라고 칭찬한 고시엔 구장을 천천히 한 바퀴 둘러보고 기념품 숍에서 고시엔이라고 쓰인 조그마한 야구공도 하나 샀다.

고시엔 구장은 하루키가 다녀갔던 당시와는 외관이 다소 달라졌다. 그래도 그때나 지금이나 아름다운 구장임에는 변함이 없을 것이다. 넝쿨이 야구장 외벽을 감싸고 있는데 오랜 시간 자라온 것임을 알 수 있었다. 도시가 야구 구장을 중심으로 아름답게 꾸며져 있어 일본 사람들이 야구를 얼마나 사랑하는지도 알 수 있었다.

하루키는 한신 지역 출신으로 니시노미야의 고시엔 구장을 연고로 하는 한신타이거즈의 팬이었다가, 대학 공부를 위해 도쿄로 거처를 옮기

고시엔 역 甲子園駅
주소 兵庫県西宮市甲子園浦風町19

고시엔 구장 甲子園球場
주소 兵庫県西宮甲子園町1-82
위치 한신 고시엔 역에서 도보 3분
홈페이지 www.hanshin.co.jp/koshien

고 재즈 카페 '피터캣'을 운영하면서 자연스럽게 위치상 가까운 메이지 진구 구장明治神宮野球場을 연고로 하는 야쿠르트 스왈로스의 팬이 되었다. 하루키가 진구 구장 외야석에서 시원한 2루타를 보면서 소설을 쓰기로 결심한 것은 유명한 일화 중 하나다.

그만큼 하루키에게 야구에 대한 각별한 애정이 있다는 걸 알 수 있다. 하루키의 작품 속에 야구 선수가 등장하지 않는 것이 이상할 정도다. 최근에는 야쿠르트 스왈로스의 명예 팬으로 선정되어 〈구장에 가서 홈팀을 응원하자〉라는 글을 써 구단 홈페이지에 기고하기도 했다.

고시엔 구장을 둘러보며 야구 경기를 보고 싶은 마음을 억누르고 〈고베 도보 여행〉편의 본격적인 시작이자 하루키의 어린 시절 추억이 서려 있는 니시노미야 역으로 이동했다.

한신 지역에서 하루키를 찾아가는 여행의 관문
니시노미야 역

고시엔에서 다시 한신 열차를 타고 니시노미야西宮 역에 내렸다. 하루키는 《하루키의 여행법》의 〈고베 도보 여행〉 편을 통해 한신 대지진의 상흔과 고도 성장기로 인해 바뀌어 버린 고향의 산과 바다에 대한 상실감을 담담하게 담아내고 있다. 하루키의 흔적을 찾아 나선 나는 최대한 그의 기분을 느껴 보려 노력했다.

니시노미야 역 남쪽 출구에서 광장으로 나와 길을 건너면 좁은 상점가가 나온다. 이른 오전이라 상점은 아직 문을 열지 않아 조용하고 한적했다. 하루키는 상점가를 걸으며 미처 복구되지 못한 건물들을 보며 가슴 아파했는데, 지금은 깔끔하게 정비되어 있었다. 시간이 많은 것을 치유하고 있었다.

평일 아침, 바쁘게 역으로 향하는 사람들을 거슬러 하루키의 도보 여행을 따라 니시노미야 신사西宮神社로 향했다.

니시노미야 역 西宮駅
주소 兵庫県西宮市甲風園1-2

상점가
위치 니시노미야 역에서 남쪽 출구로 나와 광장을 지나 길을 건너면 좁은 길에 상점들이 들어서 있다.

니시노미야역으로 가는 쾌속 급행 열차
고시엔 역에서 고베행 특급 열차를 타고 한 정거장을 가면 니시노미야 역에 내릴 수 있다.

보리새우 낚시를 즐겼던 추억의 장소
니시노미야 신사

니시노미야 신사西宮神社는 하루키가 어린 시절 친구들과 함께 뛰어 놀았던 곳으로, 하루키의 초등학생 시절을 상상해 볼 수 있는 곳이다. 하루키는 《하루키의 여행법》에서 신사 안 돌다리에서 친구들과 보리새우 낚시를 했다고 회상한다.

하루키가 이곳을 방문했던 1998년 당시는 지진으로 인해 무너진 다리가 복구되지 못한 상태였다. 물론 지금은 예전의 모습 그대로 다시 놓여 있다.

이른 아침 니시노미야 신사에서는 빗자루질 소리와 할머니, 할아버지들의 차분하지만 경쾌한 아침 인사 소리가 들려 왔다. 선글라스를 낀 이방인이 어슬렁거려도 누구 하나 신경을 쓰지 않았다. 어느새 나도 그들과 함께 그 경건함 속에 빠져드는 듯했다.

하루키는 신사에서 잠시 숨을 돌리며 다시금 상념에 빠진다. 어린 시절 추억이 어린 거리와 신사가 지진으로 상처 입은 것에 가슴 아파하면서도 그 모습 그대로를 받아들이려고 노력한다.

나 역시 신사의 한 켠에 마련된 쉼터에 앉아 이마에 맺힌 땀방울을 닦으며 그런 하루키의 마음을 헤아리려 노력해 보았다. 추억이 상처를 입었다는 기분은 어떤 것일까.

니시노미야 신사 西宮神社
주소 兵庫県西宮市社家町 1-17 **전화** 0798-33-5355 **위치** JR·한신 니시노미야 역 남쪽 출구로 광장을 지나, 상점가 길로 들어서 네 블록을 지나 오른쪽으로 돌면 니시노미야 신사의 입구가 보인다. **홈페이지** nishinomiya-ebisu.com

사라진 초밥집에서 상실감을 맛보다
하루키가 방문했던 초밥집

니시노미야 신사를 나와 남쪽으로 향하면, 눈앞에 고베 고속도로가 나타난다. 《하루키의 여행법》에서 하루키가 무너진 고속도로를 올려다보며 지진의 상흔에 묵묵히 가슴 아파하는 장면이 나오는 바로 그곳이다. 물론 지금은 말끔하게 이어져 고베 시내까지 차들이 시원하게 달리고 있다.

고속도로 교차로를 지나 남쪽으로 더 내려가면 하루키가 점심으로 초밥을 먹은 가게가 있다. 하지만 아쉽게도 초밥집은 일반 주택의 주차장으로 바뀌어 있었다. 옛 스시집의 상호와 동일한 상호의 생선 가게가 오른편에 남아 있어 두 가게를 함께 운영하던 주인이 스시집 운영을 그만둔 것이 아닐까 하는 추측을 해 보았다.

하루키가 어린 시절을 보낸 마을이 지진으로 상처 입은 모습을 보며 느낀 상실감을, 나는 하루키가 식사를 한 초밥집이 사라진 것에서 느꼈던 것 같다. 하루키의 상실감과는 비교할 수 없겠지만 하루키의 말대로 어쩔 수 없이 받아들여야만 하는 있는 그대로의 사실이었다.

초밥집 터
주소 兵庫県西宮市前浜町 6-16 1F
위치 니시노미야 신사에서 남쪽으로 도보 15분. 한신 고로엔 역에서 도보 10분

한신 고로엔 역 香櫨園駅
주소 兵庫県西宮市松下町 1

교토에서 니시노미야로 이사 온
하루키 가족이 처음 살았던 집

초밥집 인근에는 하루키 가족이 교토에서 니시노미야로 이사 와서 처음 거주했던 마을이 있다. 국어 교사였던 하루키의 아버지가 인근 중학교로 부임해 오면서 가족이 교토에서 니시노미야로 첫 이사를 했다.(하루키는 교토에서 태어났다.)

하루키는 《하루키의 여행법》에 자세히 쓰지는 않았지만, 어린 시절 살던 집이 사라지고 그곳에 타운하우스가 지어졌다고 했다. 그 시절 추억에 대한 특별한 언급 없이 담담히 써 내려간 것이 무척 하루키답다는 생각이 들었다.

마을은 전형적인 일본의 주택가로 아기자기하고 잘 정리된 화단이 들어서 있었다. 하루키가 살았던 첫 번째 집터 근처에는 하루키의 아버지 무라카미 치아키가 교편을 잡고 있던 고요가쿠인 중학교 甲陽學院中學校 가 있다. 하루키의 아버지가 이곳으로 전근을 오면서 학교 근처에 집을 얻은 것을 알 수 있었다.

다시 조금 북쪽으로 걸어 올라가면 하루키가 공부한 고로엔 초등학교 香櫨園小学校 가 나온다. 외부인 출입을 금하고 있어 들어가 보지는 못하고 얌전히 학교 정문만 카메라에 담았다. 초등학생 하루키는 어떤 아이였을까.

1 2 첫 번째 집터
주소 兵庫県西宮市中浜町 3
위치 한신 고로엔(香櫨園) 역에서 도보 10분, 고요가쿠인 중학교 뒤편 주차장

3 고요가쿠인 중학교 甲陽學院中學校
주소 兵庫県西宮市中葭原町 2-15
위치 한신 고로엔 역에서 도보 10분

4 고로엔 초등학교 香櫨園小学校
주소 兵庫県西宮市中浜町 3
위치 한신 고로엔 역에서 도보 3분

슈쿠가와 오아시스 로드

슈쿠가와 오아시스 로드는 봄철 벚꽃으로 유명한 곳으로, 하루키가 초밥집에서 식사를 하고 나서 들른 곳이다. 슈쿠가와 夙川 강은 오사카 만의 지류로 오사카 만에서 니시노미야의 북쪽 지역까지 이어진다.

슈쿠가와 오아시스 로드에는 벚꽃 나무가 죽 늘어져 있어 벚꽃이 만개할 때는 멋진 장면이 연출된다고 하는데, 아쉽게도 내가 방문했을 때는 막 꽃망울이 터지기 직전이었다.

하루키는 슈쿠가와 오아시스 로드를 끝까지 걷지 않았지만, 이 길이 좋았던 나는 무심코 걷다 보니 북쪽의 JR 슈쿠가와 夙川 역까지 왕복 약 4km를 걸었다. 중간중간 벤치에 앉아서 점심 도시락을 먹는 학생들과 직장인, 어린아이를 데리고 나온 주부들의 모습이 보기 좋았다. 벚꽃이 만개할 때 좋은 사람들과 함께 다시 찾고 싶어졌다.

슈큐가와 오아시스 로드
夙川オアシスロッド
주소 兵庫県西宮市結善町夙川公園
위치 한신 고로엔 역 북쪽 출구에서 JR 슈쿠가와 역까지 이어진 길. 슈쿠가와 공원 일대

한큐 슈쿠가와 역 夙川駅
주소 兵庫県西宮市相生町夙川駅

슈쿠가와 오아시스 로드의 북쪽까지 갔다가 다시 남쪽으로 내려오면서 하루키가 단편 〈랑게르한스 섬의 오후〉에서 묘사하기도 하고, 《하루키의 여행법》에 사진이 실리기도 한 다리를 만났다.
〈랑게르한스 섬의 오후〉에는 중학교 시절 해부 수업을 하는 생물 시간에 교재를 가지러 집에 뛰어 갔다 오는 길에, 다리를 건너며 따뜻한 봄날의 햇살에 취해 강기슭의 잔디에 누워 하늘을 바라보며 아름다운 경치에 감탄하는 장면이 나온다.
하루키가 어린 시절 이곳에서 지낸 것을 아름다운 기억으로 추억하고 있다는 것을 알 수 있다. 마침 낚시를 즐기고 있는 소년들도 있었는데, 마치 하루키의 어린 시절을 보는 것 같은 착각을 일으키기에 충분했다. 소년들은 더없이 즐거워 보였다.

국도 사업으로 바뀌어 버린 해안선
오마에하마 공원

다시 남쪽의 항구 쪽으로 내려갔다. 니시노미야의 앞 바다는 고도 성장기 국토 사업의 일환으로 간척 사업이 진행되어 해안선이 바뀌었는데, 하루키는 이에 대해 안타까운 심정을 토로하기도 했다.
바닷가에 다다르면 오마에하마 공원御前浜公園이 나온다. 그곳에 서서 변해 버린(나에게는 처음부터 이 해안선이었지만) 해안선을 보고 있자니, 하루키가 느낀 상전벽해 의 기분을 모두 헤아릴 수는 없었지만, 그가 바라본 곳에 서니 묘한 동질감 같은 것이 느껴졌다.
하루키는 이곳에서 친구들과 헤엄을 치고 모닥불을 피우며 놀았다고 한다. 하지만 지금은 해안선이 반듯하게 다듬어져 아파트가 들어서고 예전의 모습이 상실된 것에 대해 안타까움을 표현했다. 심지어는 "사람들의 손에 의해 고삐가 풀려 난 폭력 장치는 결코 제자리로 돌아오는 법이 없다"고까지 했다.
또한 하루키는 변해 버린 해안선과 산을 깎아내고 들어선 건너편 아시야 시 쪽의 아파트를 보면서 "거대한 돌 조각 같은 밋밋한 모노리스 같

오마에하마 공원 御前浜公園
주소 兵庫県西宮市西波止町1
위치 한신 고로엔 역에서 남쪽 해안 방향으로 약 1.6km, 도보 약 20분

다"고 표현하며 사람에 의해 변해 버린 자연의 모습을 통탄한다. 해안가에 앉아 그의 글을 읽으며 풍경을 바라보니 과연 그렇다. 그저 걸어 보고 싶어서 시작한 하루키의 '고베 도보 여행'은 하루키 스스로도 감내하기 힘든 잔상을 남기게 된 듯하다.

1997년 하루키가 고베 도보 여행에서 겪은 지진의 폭력에 의한 아픈 상처와 회복에 대한 강한 욕망이 2002년 작《해변의 카프카》의 주제로 태어나게 된 것은 아닐까 하는 생각을 해 보았다.

아시야 시로 이사 온
하루키 가족이 두 번째 살았던 집

하루키는 오마에하마 공원에서 느낀 변해 버린 해안선에 대한 안타까움을 고시엔 구장에서 야구 경기를 보면서 잊으려고 했던 것 같다. 하루키의 고베 도보 여행 첫날은 그렇게 즉흥적으로, 하루키가 좋아하는 야구장에서 맥주를 마시며 마치게 된다.(나는 이와 비슷한 경험을 도쿄의 진구 구장에서 갖게 된다.)

당시 하루키가 느낀 변화의 정도가 얼마나 큰 것이었는지는 하루키가 다녀간 1993년 당시와 지금의 모습이 크게 다를 것이 없다는 점에서 알 수 있다. 《하루키의 여행법》을 보며 생각했던 장면이 크게 다르지 않은 모습으로 내 카메라에 담겼다.

오마에하마 공원에서 고로엔 역 방향으로 조금 올라가면 하루키 가족이 니시노미야에서 두 번째로 살았던 동네를 만날 수 있다. 현재는 건물들이 들어서 과거의 모습을 찾아볼 수는 없지만 잠시 마을을 둘러보며 근처에 있는 공원을 찾았다. 하루키는 이곳에서 친구들과 캐치볼을 하며 놀지 않았을까.

두번째 집터
주소 兵庫県西宮市川添町6
위치 초밥집 터에서 도보 5분, 공원 벤치 옆

하루키도 이야기했듯이 이곳 한신 지역의 도시들은 남북으로 길게 형성되어 있어서 동서로 조금만 이동해도 도시의 경계를 넘게 된다. 나 또한 니시노미야 시를 둘러보고 어느새 아시야 시로 들어섰다.

하루키는 아시야 시를 걷다가 상처 하나 없이 말끔한 모습으로 지나가는 벤츠 E클래스를 보면서, 곳곳에 지진의 상처가 남은 거리의 모습과 괴리감을 느끼게 된다. 실제로 아시야 시는 고급 빌라촌이 밀집해 있어 복잡한 도심에서 벗어나고픈 재력가들의 자택으로 각광을 받고 있는 듯했다.

아시야 시의 경계를 넘어 하루키가 수학했던 세이도 중학교를 찾았다. 간소한 학교의 명패와 교문 앞에 잘 가꾸어진 꽃과 나무들이 눈길을 끌었다. 더 안쪽으로 들어가 운동장의 모습을 사진에 담다 보니 경비 아저씨가 다가오고 있어 서둘러 자리를 떠났다.

하루키의 흔적을 찾아 여행 중이라고 했다면, 오히려 더 많은 얘기를 들려 주셨을지도 모를 일이었으나 수줍은 여행자는 다음 장소를 향해 다시 발걸음을 옮겼다.

세이도 중학교 精道中学校
주소 日本兵庫県芦屋市南宮町9-7
위치 한신 우치데 역에서 도보 5분

하루키를 좋아하는 주인 아저씨가 있는
카페 타마스

근처에 있는 '다니자키 준이치로 문학 기념관'에 들르기 위해 구글맵을 켜고 이동하기로 했다. 다니자키 준이치로谷崎潤一郎는 무라카미 하루키와 같은 아시야 출신의 선배 작가다. 배가 고파 주변을 두리번거리다가 미술관 관련 포스터를 붙여 놓은 조그마한 빵집을 발견했다. 주인 아저씨가 막 구운 빵을 진열하는 중이었다. 우선 150엔짜리 햄치즈 빵을 하나 고르고 나서 살펴보니, 젊은 부부가 운영하는 곳이었다. 다니자키 준이치로 기념관의 위치를 물어보자 주인 아저씨가 친절히 알려 주셨다. 명함을 건네고 하루키의 행적을 따라가고 있다고 설명하자, 주인 아저씨는 자신 역시 하루키의 팬이라며 나를 무척 반겼다. 그러면서 이 지역이 《1973년의 핀볼》,《바람의 노래를 들어라》등의 배경지라고 설명해 주셨다.

주인 아저씨와 즐겁게 이야기를 나누다 '파인딩 하루키 여행'의 성과를 가지고 꼭 다시 오겠다는 약속을 하고 나왔다. 타마스에서 산 콜라와 빵을 먹으며 기념관으로 향했다.

카페 타마스 TAMAS
주소 兵庫県芦屋市呉川町 12
위치 한신 우치데 역에서 도보 10분

《노르웨이의 숲》영문판 책을 들고 응원해 주신 타마스의 주인 아저씨

아시야시 출신의 선배작가
다니자키 준이치로 기념관

작가 다니자키 준이치로谷崎潤一郎, 1886~1965는 《세설細雪》로 유명한 작가로, 노벨문학상 후보로 네 번이나 오른 하루키의 대선배다. 하루키는 네 번째 장편 소설 《세계의 끝과 하드보일드 원더랜드》로 다니자키 준이치로 문학상을 수상한 이력을 가지고 있다.

길을 물어 찾아간 다니자키 준이치로 기념관은 내부 수리 문제로 잠시 휴관 중이었다. 아쉬웠지만 외부 모습만을 카메라에 담은 후, 몇 십 년 후에 하루키 기념관이 이 근처에 생기게 된다면 다시 방문하리라 다짐하며 돌아섰다.

다시 우치데 역으로 돌아가는 길에 하루키 가족이 살았던 세 번째 집이 있던 동네까지 살펴보고 본격적인 '파인딩 하루키' 첫날의 일정을 마무리했다. 하루키는 교토에서 태어나 니시노미야로 이사를 온 후, 니시노미야에서 두 번 더 이사를 하였는데 이곳이 한신칸 지역에서의 마지막 집이었다. 하루키는 이곳에서 고베 고등학교까지 통학을 하고, 주말이면 친구들을 만나러 고베 시내까지 다녔다고 한다.

다니자키 준이치로 기념관
芦屋市谷崎潤一郎記念館
주소 兵庫県芦屋市伊勢町12-15
전화 797-23-5852
위치 한신 아시야 역에서 도보 15분
홈페이지 tanizakikan.com

하루키 가족이 살았던 세 번째 집터
주소 兵庫県芦屋市西蔵町 6
위치 우치데 역에서 도보 5분

하루키 가족이 살았던 세 번째 집터

Travel Note

오사카 하면 일본 최대의 식도락을 즐길 수 있는 곳이라고들 한다. 파인딩 하루키 (Finding Haruki) 여행을 출발하기 전에는 각 도시의 맛있는 음식도 즐기고 관광의 목적도 함께 누릴 계획이었지만, 막상 다녀 보니 계획했던 일정에 생각보다 여유가 없었다. 아쉬운 것도 있었지만 '하루키를 찾아가는 여행'이라는 목적에 부합하도록 최대한 하루키의 흔적을 찾아가는 데 집중하기로 했다.

밤이면 게스트 하우스에서 만난 외국인 친구들과 함께 놀러 나가고 싶은 마음을 꾹꾹 누르고 하루의 일정을 정리하고 2층 침대에 누워 피로를 풀었다.

하루키를 찾아가는 여행에 보람을 느끼며, 파인딩 하루키 첫날의 저녁은 숙소와 가까운 JR 모모다니 역에 있는 일본의 덮밥 체인점 마쓰야(松屋)에서 니쿠(고기) 덮밥에 파와 날계란을 추가해 젓가락으로 슥슥 비벼 미소국과 함께 먹었다.

하루키의 여행법

《하루키의 여행법》은 하루키가 미국과 유럽에서 생활하던 내용과 1995년 발생한 한신 대지진으로 상처를 입은 고향을 1997년 5월의 어느 날 1박 2일 동안 도보로 둘러보는 〈고베 도보 여행〉 이야기가 담겨 있는 책이다. 사진까지 수록된 사진편이 별도로 있어 더 실감나게 당시의 모습을 볼 수 있다. 일본에서는 《변경, 근경》이라는 제목으로 1998년 출간되었다.

한신 대지진은 1995년 1월 17일 간사이(關西) 지방 효고 현(兵庫縣) 남부의 고베 시를 비롯하여 니시노미야 시(西宮市), 아시야 시(芦屋市), 다카라즈카 시(宝塚市) 등 한신(阪神) 지역을 중심으로 발생한 대지진으로, 6천 3백여 명이 사망하고, 2만 6천여 명이 부상을 입은 일본 최대의 지진이었다. 당시 하루키의 부모님은 다시 교토로 이사를 한 상태여서 피해를 입지는 않았다고 한다.

하루키는 한신 대지진이 일어날 당시 미국에 머물며 《태엽 감는 새》를 집필 중이었다. 고향 지역이 큰 지진 피해를 입었는데 외국에 있었다는 데에 어떤 자괴감이 들었을까? 하루키는 어린 시절의 추억이 깃든 한신 지역의 땅을 직접 걸었던 도보 여행을 글로 담아냈다.

하루키 초기 작품과 학창 시절

한신칸
하루키 초기작에 자주 등장하는 지역 : 아시야

'파인딩 하루키' 여행의 본격적인 둘째 날이 밝았다. 오늘은 《하루키의 여행법》의 〈고베 도보 여행〉 편을 따라가는 것을 잠시 멈추고, 하루키가 초등학교부터 중학교 시절을 보낸 아시야芦屋 시와 학창 시절의 추억이 담긴 장소, 하루키가 초기작에 담아낸 작품 속의 장소들을 가 보기로 했다. 또한 아시야 시는 하루키의 선배 작가 다니자키 준이치로의 대표작인 《세설》의 배경이 되는 도시이기도 하다.

어제는 니시노미야西宮 역에서 내려 아시야 시까지 일부 걸었고, 오늘은 니시노미야 역에서 두 정거장 지난 한신센 아시야芦屋 역에 내렸다. 하루키는 고등학교 때는 이곳에서 고베의 산노미야 역까지 전철로 통학을 하고, 주말에는 학교 친구들을 만나기 위해 혹은 여자친구를 기다리며 플랫폼을 서성였을 것이다.

아시야 역에서 내려 잠시 아시야 시를 남북으로 관통하는 아시야 천 주위를 걸으며 오늘 일정의 첫 번째 장소이자, 《1973년의 핀볼》에서 중요한 배경인 '그녀의 집'과 당시의 해안선이 있던 곳에 먼저 가 보기로 한다.

MAP
아시야

❶ 아시야 해안선
주소 兵庫県芦屋市船戸町1番-30

❷ 그녀의 집
주소 兵庫県芦屋市潮見町29

❸ 한큐 아시야가와 역
주소 兵庫県芦屋市芦屋川駅

❹ 쥐의 아파트
주소 兵庫県芦屋市朝日ケ丘町 15

❺ 아시야 시 묘원
주소 兵庫県芦屋市劒谷

❻ 우치데 도서관(아시야 시립 도서관)
주소 兵庫県芦屋市打出小槌町15-9

❼ 원숭이 우리
우치데 도서관 앞 공원

❽ 호세이칸 서점
주소 兵庫県芦屋市公光町 11-8

❾ 우동집 지로초
주소 兵庫県芦屋市精道町7-29
시간 11:30~15:00, 17:00~23:00
위치 아시야 역 남쪽 출구에서 도보 2분
요금 생맥주(중) 450엔, 니쿠 소바 850엔

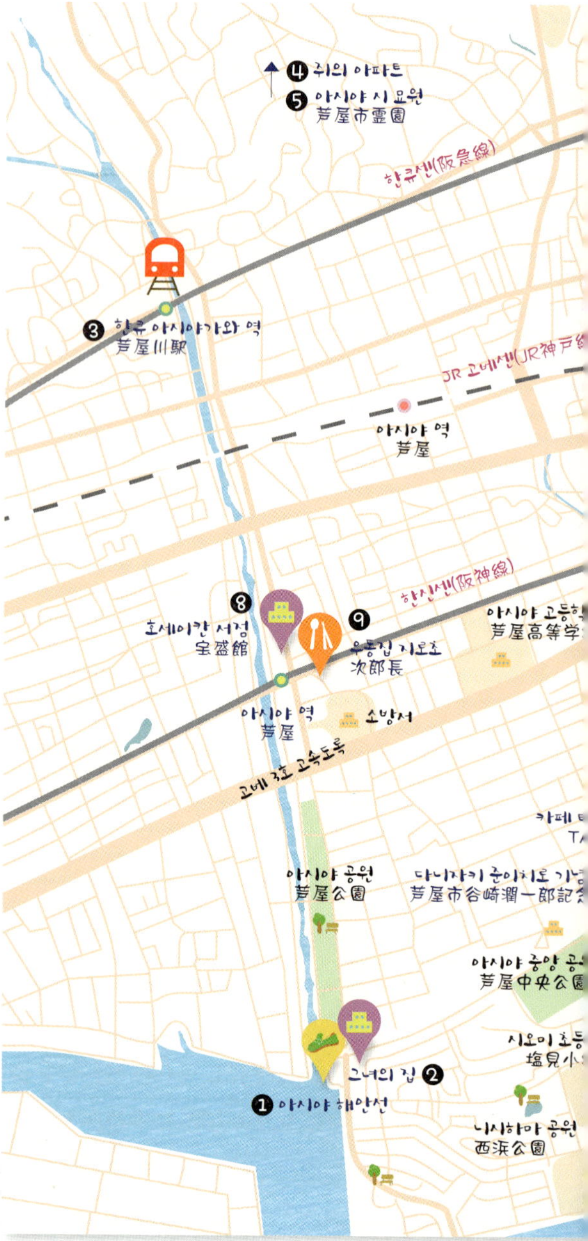

《1973년의 핀볼》에 등장하는
아시야 해안선

아시야 역에서 남쪽으로 2km 정도 내려가면 아시야 해안선에 도착한다. 한적하고 잘 정돈된 골목을 걸어 내려가니 마음이 차분하게 정돈되는 듯한 기분이 들었다. 어제 지나갔던 고베 3호 고속도로를 지나 더 내려가니 바다 냄음이 나기 시작했다.
주변에는 테니스 연습장이 있고, 코트 안에서는 젊은 테니스 강사와 아이들을 하교시킬 때까지 시간이 여유로운 아주머니들이 열심히 운동 중이었다. 더 내려가 어제 들렀던 다니자키 준이치로 기념관을 가리키는 안내판을 지나면, 드디어 해안선이 모습을 드러낸다.
지금은 도로이지만, 하루키가 《1973년의 핀볼》을 썼던 당시에는 제방이 위치해 있던 곳이다. 하루키가 줄곧 언급했던 '산을 깎아 바다를 메운 국토 개발'로 소설의 배경까지 바꿔 놓은 곳이다. 도착하고 보니 하루키가 그토록 아쉬워한 이유를 알 수 있을 것 같았다. 그래도 작품에 등장하는 묘사대로 테니스장이 생각보다 크게 자리 잡고 있어, 아쉬움을 조금은 달래 주었다.

아시야역 芦屋駅
주소 兵庫県芦屋市船戸町1

아시야공원 芦屋公園
주소 兵庫県芦屋市松浜町4

해변가에서 보이는 2층 집
그녀의 집

해안선을 따라 놓인 길 끝에는 《1973년의 핀볼》에 묘사된 그녀의 집으로 추정되는 곳이 있다. 소설 속에서 '나'는 고베 항 근처에 위치한 레코드 숍에서 '그녀'를 처음 보고, 제이스 바에서 함께 술을 마시다가 술에 취한 그녀를 집에 데려다 주고, 친구인 '쥐'와 해변가에 차를 세운 후 2층 집 그녀의 방에 불이 켜지는지 바라본다.

주변에 맨션도 많이 있지만, 오래도록 유지되고 있는 듯한 이 집이 하루키가 모델로 한 집일 것이라는 확신이 들었다. 작품 속의 장소를 직접 보니 작품에서 묘사된 풍광이 그대로 전해져 왔다.

작품 속 설명 대로라면 제이스 바도 이 근처에 있어야 하지만, 이곳에 바는 존재하지 않는다. 대신 영화 〈바람의 노래를 들어라〉에서 '제이스 바'로 등장했던 고베 산노미야의 '하프 타임'을 내일 방문할 예정이다.

해변가에서는 주민들이 조개를 채취하고 있었다. 그 모습이 정겹게 느껴졌다. 변경된 해안선 길을 걸으며 하루키의 허전한 마음을 다시금 곱씹어 보았다.

그녀의 집
주소 兵庫県芦屋市松浜町16-14

'쥐'를 찾아가는 여정
한큐 아시야가와 역

하루키의 초기작에서 주인공 '나'의 친구로 등장하는 '쥐'의 아파트를 찾아가기 위해 다시 북쪽으로 올라왔다. 아시야 천을 따라 아시야 역을 다시 지나쳐 올라가다 보면 한큐센 아시야가와 芦屋川 역이 나온다. 이 역은 하루키가《하루키의 여행법》에서 '고베 도보 여행' 2일차를 시작하는 곳이다.

하루키는 '고베 도보 여행' 1일차를 급작스럽게 고시엔 구장에서 야구 경기를 보는 것으로 마무리한 후, 산노미야에서 하루를 묵고 다시 한큐 아시야가와 역에서 고베의 산노미야로 걸어가는 고베 도보 여행 2일차를 시작한다.

한큐 노선은 간사이를 지나는 3개의 철도 노선인 한신, JR, 한큐 중 가장 북쪽을 지나는 노선이다. 쥐의 아파트는 아시야 시 북쪽의 고급 맨션이 밀집되어 있는 곳에 자리 잡고 있었다. 작품 속의 묘사도 역시 시가 내려다보이는 고지대에 위치하고 있다.

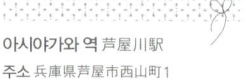

아시야가와 역 芦屋川駅
주소 兵庫県芦屋市西山町1

걷다 보니 어느새 한큐 아시야가와 역까지 오게 되었다. 역 직원에게 물어보고 버스 정류장 위치를 찾아 2번 버스를 기다렸다. 아시야 시 고지대 맨션으로 가는 버스는 많이 있지만, 쥐의 아파트와 공동 묘지인 아시야 시 묘원으로 가는 버스는 1시간에 1대뿐이었다. 그나마도 오후 4시가 막차여서 마음이 조급해졌다.

나중에 알게 된 사실이지만, 아시야 시의 고급 맨션 밀집 지역으로 가기 위해서는 한큐센 아시야가와 역보다는 JR 아시야 역에서 출발하는 버스 노선이 훨씬 많아 찾아가기가 좀 더 수월하다.

아시야 시 고지대에 있는 고급 빌라촌
쥐의 아파트

한큐 아시야가와 역의 버스 정류장에서 30여 분을 기다려 막차인 4시 버스를 타고 JR 아시야 역을 거쳐 아시야 시의 꼭대기인 맨션 빌리지로 올라갔다. 높은 지대로 올라가면서 하나둘 사람들이 내리더니 이내 버스에는 나 혼자 남겨졌다. 버스가 순환하는 지점에 내리면 바로 아시야 시 묘원이다.

묘원에서 조금 더 차도를 따라 걸어올라가면 쥐의 아파트로 묘사된 맨션이 나온다. 이 맨션은 하루키가 작품에서 묘사한 지점에 위치해 있기도 하고, 하루키의 중학교 후배인 오모리 가즈키 감독이 1980년에 영화화한 〈바람의 노래를 들어라〉에서 쥐의 아파트로 등장한 곳이기도 하다.

하루키가《댄스 댄스 댄스》에서 묘사한 고탄다가 살 법한 맨션들이 이곳 고지대에 몰려 있었다. 주민들은 모두 차로 이동을 하는지 인적은 없었다. 한적한 길에 서서 아시야 시와 오사카 만을 바라보았다. 하루키가 학창 시절까지 친구들과 누볐을 마을이 한눈에 들어왔다.

쥐의 아파트
(써니 힐 웨스트) サニーヒルウエスト)
주소 兵庫県芦屋市朝日ケ丘町 15
지도 p. 15

하루키 초기 작품에서 약속 장소로 등장하는
아시야 시 묘원

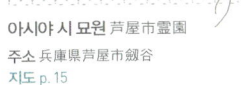
아시야 시 묘원 芦屋市霊園
주소 兵庫県芦屋市劔谷
지도 p. 15

버스는 간사이 쓰루 패스로 무제한 이용이 가능하다.

쥐의 아파트를 보고 묘원 앞으로 갔다. 일본은 주거지와 묘지가 인접해 있어 산 사람과 죽은 사람이 어우러져 지내는 것을 볼 수 있는데, 죽음을 두려워하지 않고 있는 그대로 받아들이는 것이 우리와는 사뭇 다른 느낌이었다.

심지어 이 묘원은 하루키가 학창 시절 데이트를 즐겼던 곳이기도 하고, 초기 작품에서는 등장인물들이 이곳에서 만날 약속을 잡기도 한다. 4시 반까지 입장이 허용되는 묘원에는 추모객들이 꽤 많았다. 하루키나 그의 작품 속 연인들이 이곳의 하늘색 벤치에 앉아 데이트를 즐기지 않았을까.

무덤이 있는 곳까지 올라가 보지는 못하고 입구 근처에서 향을 피워 추모하는 곳과 벤치가 놓여 있는 작은 공터에 잠시 머문 뒤, 버스 정류장의 종점인 묘원을 돌아 나오는 막차 버스를 타고 아시야 역까지 다시 내려왔다.

하루키의 재수 생활을 함께한
우치데 도서관 (아시야 시립 도서관)

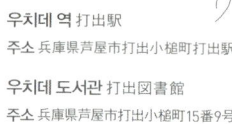

우치데 도서관은 하루키가 학창 시절 자주 방문했던 곳으로, 대학 진학을 위해 재수를 하던 시절 공부를 한 곳이다. 2012년 아시야 시에서 주최한 아시야 시 탐방 프로그램에서 하루키가 공부했던 장소로 공식적으로 소개한 곳으로, 도서관 건물은 한신 대지진을 이겨내고 그 보존 가치를 인정 받아 유형문화재로 등록되었다.

우치데 역打出에서 북쪽 광장으로 나와 500m 정도 올라가니 왼편으로 고풍스러운 건물이 보였다. 도서관을 방문한 시간은 오후 5시가 넘어 열람실 내부를 보지는 못했지만, 안내 직원의 도움으로 다른 곳을 더 둘러보고 사진 촬영을 할 수 있었다. 외국인이 혼자 찾아온 것은 처음이어서 놀랐다는 도서관의 여직원은 미안할 정도로 친절히 안내를 해주었다.

우치데 도서관의 게시판에는 '하루키가 공부한 공간'이라는 신문 기사 자료가 스크랩되어 있고, 한큐 전철에서 제작한 간사이 지역의 문화체험 배포 자료도 있었다. 하루키라는 세계적인 작가의 고향이라는 것

우치데 역 打出駅
주소 兵庫県芦屋市打出小槌町打出駅

우치데 도서관 打出図書館
주소 兵庫県芦屋市打出小槌町15番9号

에 대한 아시야 시의 자부심을 느낄 수 있었다.

아쉽지만 자료는 모두 배포가 완료되어 더 이상 구할 수 없었다. 자료에는 한큐 전철로 갈 수 있는 간사이 지방의 주요 명소를 안내하고 있었는데, 하루키 작품 속의 배경지가 많은 부분을 차지하고 있었다. '파인딩 하루키' 여행자로서 뿌듯함이 느껴지는 방문이었다.

하루키의 흔적을 찾아다니는 다소 외로운 여정 속에서 '힘내'라고 응원을 받은 기분이 들었다. 아시야 시에서 앞으로 진행될 하루키 관련 이벤트나 행사에 관심을 갖고 살펴보기로 했다.

 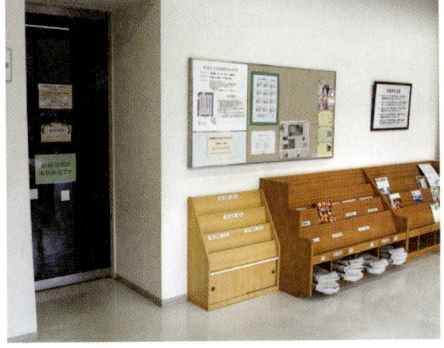

우치데 도서관 앞에 위치한
원숭이 우리

우치데 도서관 앞에는 원숭이 우리가 있는 놀이터가 있다. 이 원숭이 우리는 《바람의 노래를 들어라》에서 우치데 도서관과 같이 주인공들의 데이트 코스로 등장하는 곳이다. 아쉽게도 원숭이는 수명이 다해 이제 이곳에 없지만, 원숭이 우리는 하루키 작품 속 명소로서 계속 남아 있다.

시간은 어느덧 6시를 향해 가고 있었다. 제대로 된 식사를 하지 못해서 배가 고팠다. 일본은 한국보다 해가 일찍 지기 때문에 더 부지런히 돌아다녔더니 끼니를 제때 챙기지 못한 경우가 대부분이었다.

급하게 아시야 역으로 향했다. 우치데 역은 급행 열차가 서지 않기 때문이기도 하고, 아시야 역에서 저녁을 먹고 싶었다. 그러기 위해 일부러 아시야 역에서 가 볼 장소를 하나 남겨 두기도 했다.

아시야 역에 도착하자 어느덧 해가 뉘엿뉘엿 넘어가고 있었다. 퇴근하는 직장인들로 매번 전철이 설 때마다 점점 더 많은 사람들이 쏟아져 나왔고, 역무원과 택시 기사들은 바빠지고 있었다.

학창 시절 하루키의 독서 욕구를 충족시켜 준
호세이칸 서점

하루키는 고베 항의 외국 선원들이 들여온 외국 문학들을 탐독함과 동시에 아시야 역의 호세이칸 서점에서도 많은 문학 작품을 접하며 성장했다. 하루키의 학창 시절 단골 서점인 호세이칸 서점 宝盛館 은 아시야 역 옆에 자리한 빌딩 1층에 위치해 있다. 하루키의 학창 시절 당시에는 전국 체인점으로 유명했던 서점이라고 한다.

퇴근 후 직장인들이 서점에서 책을 읽고 있는 모습이 보기 좋았다. 안으로 들어가 문학 소설 파트에서 하루키의 작품을 찾아보았다. 하루키가 학창 시절 다니던 서점에 하루키의 베스트셀러들이 진열되어 있는 모습에 반가운 생각이 들었다. 《태엽 감는 새》, 《1Q84》, 《무라카미 라디오》 등이 진열되어 있었다. 기념으로 《무라카미 라디오》 3편을 구입하고는 저녁 먹을 곳을 찾아보았다.

호세이칸 서점(한신 아시야 본점)
宝盛館(阪神芦屋本店)
주소 兵庫県芦屋市公光町 11-8

Tip
무라카미 라디오 3편
《무라카미 라디오》 3편은 내가 여행 중이던 당시에는 국내에 출간되지 않았었다. 2013년 4월 《샐러드를 좋아하는 사자》로 출간되었으며, 《무라카미 라디오》 1, 2편은 각각 《저녁 무렵에 면도하기》, 《채소의 기분, 바다표범의 키스》로 출간되었다.

맛있는 우동과 생맥주가 있는
우동집 지로초

저녁을 먹기 위해 아시아 역 근처를 둘러보았지만 가볍게 저녁을 먹을 수 있을 만한 곳이 없었다. 그러다가 우연히 찾은 소바집이 있어 반가운 마음에 얼른 들어갔다. 가장 인기 있는 메뉴를 추천 받아 니쿠 소바와 생맥주 한 잔을 주문했다. 주인에게 무라카미 하루키를 좋아하냐고 묻자, 이곳 아시야 시가 하루키의 고향이라고 기분 좋게 반기며 얘기한다.

소바를 따뜻한 국물에 먹은 것은 처음이었는데 훌륭한 맛이었다. 생맥주와의 궁합도 기가 막혔다. 비록 좁긴 하지만 가격도 저렴하고 오랜 시간 한 자리에서 역을 지나는 바쁜 사람들에게 맛있는 우동과 니쿠 소바를 제공하고 있는 착한 식당이었다.

오늘의 마지막 일정이다 보니 여유가 생겨 생맥주를 한 잔 더 주문해 마시며, 천천히 책을 읽으며 일정을 마무리했다.

지로초 次郎長
주소 兵庫県芦屋市精道町7-29
위치 아시야 역 남쪽 출구에서 도보 2분
시간 11:30~15:00, 17:00~23:00
요금 생맥주(중) 450엔, 니쿠 소바 850엔

Travel Note

2일차 여정을 마치고 오사카의 쓰루하시에 있는 숙소로 돌아가기 위해, 한신 아시야 역의 플랫폼에서 열차를 기다리고 있었다. 어느새 어두워진 아시야 천을 내려다보고 있자니 오사카 지역에서는 내일이 마지막 여정이라는 생각에 아쉬운 마음이 밀려 들었다.

멍하니 난간에 기대 밤 공기를 한껏 마셔 보았다. 정신없이 계획해 놓은 장소들을 걷고 또 걷다 보니 무릎도 아파왔다. 그래도 마냥 즐거웠다.

아시야의 밤 공기가 소리없이 응원해 주는 듯했다.

하루키 초기 3부작

하루키의 데뷔작 《바람의 노래를 들어라》부터 두 번째와 세 번째 책 《1973년의 핀볼》과 《양을 쫓는 모험》은 '초기 3부작' 혹은 주인공 나의 친구인 '쥐'의 이름을 딴 '쥐 3부작'으로 불린다. 모두 하루키가 성장한 니시노미야, 아시야, 고베 지역을 배경으로 하고 있으며, 하루키의 작가 데뷔 이전 지금까지의 자신과의 단절 혹은 변화를 모색한 작품들로 중요한 가치를 지닌다.

특히, 《양을 쫓는 모험》에서 소설 속 '양'을 하루키 본인에 대입하는 문학적 평이 많았으며, 작품의 마지막에 '양사나이'가 죽는 장면에서는 하루키 스스로 비로소 과거의 어떤 응어리를 해결했다고 보기도 한다. 이 3부작 이후 하루키는 《세계의 끝과 하드보일드 원더랜드》에서 본격적으로 현실이 아닌 가상과 이상의 세계를 그리는 작품을 선보인다.

아시야 시 여행은 하루키의 초기 3부작을 이해하고 그 느낌을 되살려보는 데에 더 없이 좋은 경험을 선사할 것이다.

한신칸

한신칸(阪神間)은 오사카와 고베 사이의 효고 현 지역을 말하는데, 니시노미야 시와 아시야 시가 한신칸, 즉 한신 지역에 속한다. 하루키는 교토에서 태어났지만 어린 시절 아버지 무라카미 치아키가 이곳의 학교로 전근을 오면서 한신칸 소년이 되어, 고등학교를 졸업하고 재수를 할 때까지 이곳에서 지냈다.

따라서 이곳은 하루키 작품의 근간을 이루는 매우 중요한 지역으로, 하루키의 데뷔작 《바람의 노래를 들어라》를 시작으로 《1973년의 핀볼》, 《양을 쫓는 모험》으로 이어지는 초기 '쥐 3부작'의 중요한 배경이 되는 곳이다. 한신칸 지역은 특별한 관광 자원은 없지만, 하루키 팬들에게는 무궁무진한 의미를 찾아볼 수 있는 지역이라고 할 수 있다.

이곳을 여행할 때에는 간사이 쓰루 패스 3일권을 이용할 것을 추천한다. JR을 제외한 모든 열차 버스를 이용할 수 있고 교토, 나라까지 모두 사용 가능하다. 버스에 탈 때는 현재, 마그네틱 터치 기계가 철수되어 운전 기사에게 패스를 제시하면 탑승이 가능하며, 때로는 운전 기사가 며칠권의 패스인지 카드 뒷면을 확인해 보기도 한다.

오사카에서 고베에 이르는 간사이 지역은 3개의 철도 노선 한신, 한큐, JR이 평행을 이루며 달린다. 이 중 하루키 도보 여행의 첫날은 한신센을 이용하고, 두 번째 날은 한큐 전철 노선을 따라간다. 나머지 한 개 노선인 JR은 이용할 일이 없다. 따라서 JR을 사용하지 못하는 간사이 쓰루 패스만으로도 하루키 간사이 여행 루트를 만족스럽게 계획할 수 있다.

고베 도보 여행(2)
한큐 전철 노선 : 아시야 ~ 고베

숙소를 나서기 전, 일기 예보를 확인하고 가방 속 우산을 다시 한 번 확인했다. 하루키가 고베 도보 여행 첫날 고베 시의 호텔에서 묵고 한큐 阪急 센 아시야가와 芦屋川駅 역에서 다시 도보 여행을 시작했을 때도 날이 흐리다고 묘사되어 있어, 왠지 모를 유사성에 기분이 좋았다.

숙소인 오사카의 쓰루하시 역에서 아시야 역까지 급행 열차를 타고, 하루키 도보 여행의 두 번째 출발점인 한큐 아시야가와 역까지 걸어 올라갔다. 어제 본 역을 다시 만나니 반가웠다. 아침 9시 출근 시간대가 지나 다소 한산한 시간이었다.

역 주위에는 고시엔으로 야구 응원을 가기 위해 모이기 시작하는 학생들로 북적였다. 혼잡을 피해 하루키가 걸었던 여정 그대로 한큐센을 따라 서쪽으로 걷기 시작했다. 아직 비는 내리지 않았지만 혹시라도 갑자기 비가 떨어질까 싶어 카메라를 목에 걸고 왼손으로 카메라를 살며시 감쌌다.

하루키가 묘사한 것처럼 철로를 따라 걷는 길은 철로에서 가까워졌다 멀어졌다 포물선 그리기를 반복했다. 아시야가와 역에서 이 철로를 따라 약 2km 정도를 걸어가면 오카모토岡本 역과 만나게 된다.
한큐 전철 노선을 접하고 있는 길은 무척 좋았다. 일상을 보내는 주부와 어린아이들의 모습이 보이고, 조금 늦은 아침을 준비하는 전기밥솥의 증기 소리가 들려 왔다. 급행 열차가 지나갈 때의 박진감은 덤이다. 하지만 산등성이 쪽으로 한 골목만 더 들어가면 거리의 옛 모습이 고즈넉하게 남아 있고, 하루키가 글에서 묘사한 대로 거리와의 괴리감을 안겨 주었던 벤츠도 종종 보인다.
하루키가 다시 이 길을 걸을 일이 있다면 그때와는 다르게 많이 변한 모습에 놀라지 않을까 싶었다.

MAP

아시야 ~ 고베

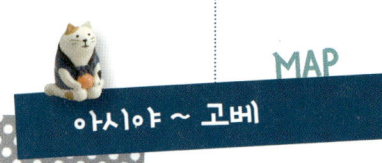

1

阪急 御影駅
2

Hankyu Rokko Station
3

니지 역
虹
고베 쇼인 여자대학
神戸松蔭女子学院大学
롯코 고등학교
六甲高等学校
나가미네 중학교
長峰中学校
고베 대학
神戸大学
신와 여자 고등학
親和女子高等学
KFC 롯코점
마야 케이블 역
摩耶ケーブル
시노하라 공원
篠原公園
다카쇼 중학
鷹匠中学
마야 초등학교
摩耶小学校
3 롯코 역
六甲
모스 버거
4 고베 고등학교
神戸高等學校
롯코 초등학교
六甲小学校
← 산노미야 역
맥도날드
롯코미치 역
六甲道
나다 초등학교
灘小学校
오지코엔 역
王子公園
오지 공원
王子公園
신자이케 역
新在家

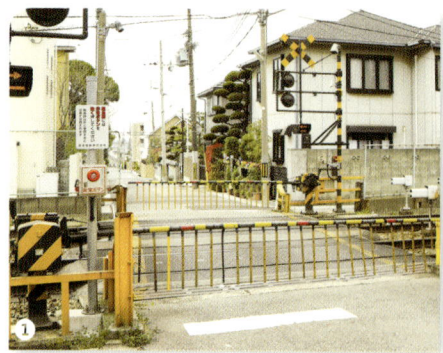

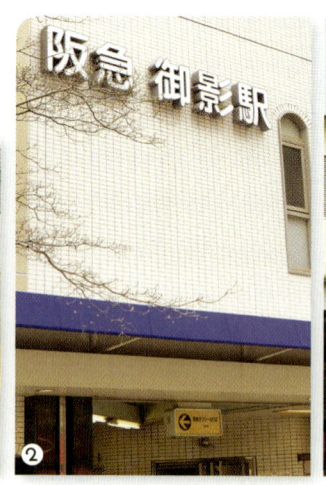

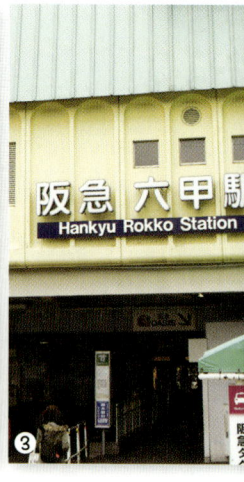

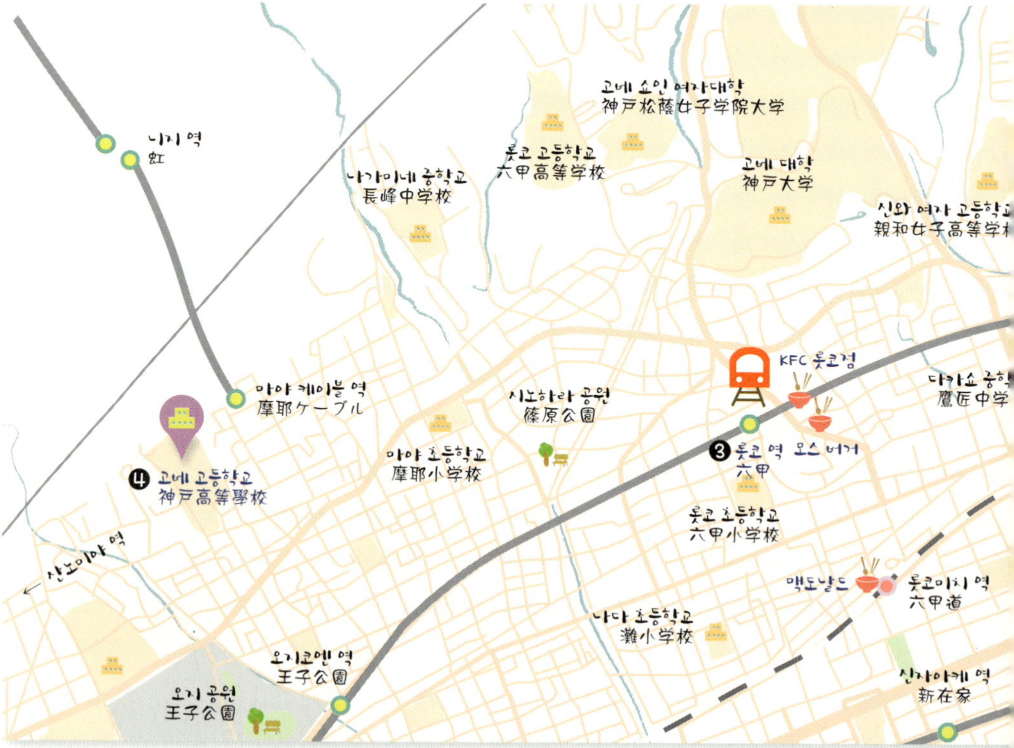

❶ 오카모토 역
주소 兵庫県神戸市東灘区岡本5-1

❷ 미카게 역
주소 兵庫県神戸市東灘区御影山手1-9

❸ 롯코 역
주소 兵庫県神戸市灘区宮山町3-1

❹ 고베 고등학교
주소 兵庫県神戸市灘区城の下通1-5-1

하루키식 아침을 해결한
오카모토 역

1997년 당시 하루키는 오카모토^{岡本} 역 근처에 모닝 서비스를 받을 수 있는 곳이 없다고 했는데, 현재의 오카모토 역은 매우 번성해 웬만한 건 모두 찾아볼 수 있었다. 하루키는 최근 에세이에서 옛 시절의 카페들이 모두 스타벅스로 변해 간다는 탄식을 하기도 했는데, 그런 스타벅스까지 있을 정도로 많은 상점들이 모여 있었다.

오카모토 역에서 모닝 서비스를 찾지 못한 하루키는 국도변의 로손 편의점에서 칼로리 메이트와 캔커피로 끼니를 때운다. 나 역시 하루키를 따라 국도에 접해 있는 로손 편의점으로 들어갔다. 칼로리 메이트와 차가운 캔커피를 골라 들고 근처 벤치에 앉아 하루키처럼 아침을 해결하기로 했다.

편의점 직원에게 이곳이 언제부터 영업을 했는지 물어 보니 20년은 됐을 거라고 한다. 분명 이곳이 하루키가 들른 곳이라고 확신하고, 아침을 먹은 후 가벼운 마음으로 다시 걷기 시작했다.

오카모토 역 岡本駅
주소 兵庫県神戸市東灘区岡本5-1

로손 편의점 LAWSON
주소 兵庫県神戸市東灘区本山北町3-121-3

여행의 피로를 달랜
미카게 역

걷기의 페이스를 조절할 필요가 있다고 절실히 느낀 것은 미카게御影 역에서부터였다. 도저히 걷기가 힘들어 한큐센에 몸을 실었다. 하루키처럼 고베 도보 여행을 목표로 하고 있었기 때문에 스스로 용납하는 데에 시간이 조금 걸렸지만, 애원하는 다리 때문에 결국 타협을 할 수밖에 없었다.

하루키는 미카게 역에 도착해서 이곳에서도 모닝 서비스를 받지 못함을 토로하고 바로 롯코六甲 역까지 걸어갔다. 그런 하루키와 달리 미카게 역에서 롯코 역까지 전철을 이용하기 위해 플랫폼으로 올라가니 철로 위로 빗방울이 떨어지기 시작했다.

한 정거장을 가는 짧은 시간이었지만 롯코 역에 가면 하루키가 먹었던 맥도날드의 에그머핀 모닝 세트를 먹을 수 있다는 기대감을 안고, 전철 좌석에 앉아 잠시 피로를 풀었다.

미카게 역 御影駅
주소 兵庫県神戸市東灘区御影山手1-9

커널 샌더스가 지배하는 가상 현실 세계
롯코 역

잠시나마 비 내리는 차창 밖을 바라보고 있자니 기분이 한결 나아졌다. 롯코六甲 역에 도착해 빗줄기가 잠시 멈춘 역 앞 광장으로 나와 맥도날드를 찾아 보았다. 사전에 조사해 두었던 위치로 가 보았으나, 지금은 은행 건물로 바뀌어 있는 듯했다. 하루키가 다녀가고도 10년이 넘었으니 그대로 있는 것이 더 이상하기도 할 것이다.

구글맵을 켜서 근처의 지도를 살펴보는데, 한큐 롯코 역의 남쪽에 있는 JR 롯코미치六甲道 역 주변에 맥도날드가 있었다. 그곳으로 갈까 망설이는데 롯코 역 근처에 일본 체인 햄버거인 모스 버거가 보였다. 개인적으로 모스 버거를 좋아해서 마음이 흔들리는 동안, 시야에 커널 샌더스 대령이 비집고 들어왔다. 온화한 미소 뒤에 숨겨진 중압감이랄까. 《해변의 카프카》에 등장하는 그의 모습이 떠오르면서 무언가에 홀린 듯 KFC로 발길을 옮겼다. 간사이 지방의 여정을 끝내고 갈 곳이 시코쿠四國라는 점도 왠지 모르게 작용했던 것 같다.

11시 반경이라 점심을 먹기에는 조금 이르지만 아침으로 캔커피와 칼

롯코 역 六甲駅
주소 兵庫県 神戸市灘区宮山町 3-1

KFC 롯코점 KFC六甲
주소 兵庫県 神戸市灘区八幡町 2-12

로리 메이트 하나만 먹었더니 여간 허기가 지는 게 아니었다. 요일 한정 500엔 메뉴인 치킨 휠레 세트를 주문하고, 시원한 콜라가 먹고 싶어 '코크'라고 주문했는데 직원이 커피로 잘못 알아들었는지 따뜻한 커피와 치킨 휠레 버거를 먹게 되었다. 아침부터 걷느라 땀이 채 식기 전이었지만 메뉴의 조합은 나쁘지 않았다.

《하루키의 여행법》의 〈고베 도보 여행〉 편에서 하루키는 맥도날드에 들어가 에그머핀 세트를 먹으며 '맥도날드적인 가상 현실' 안에 들어와 있는 것 같다고 표현했다. 나는 곧 방문하게 될 시코쿠에서 커넬 샌더스 대령이 호시노 청년에게 나타났듯(《해변의 카프카》의 일부) 내 앞에도 나타나지 않을까 하는 기대를 갖게 되었다.

KFC에서 40분 정도 휴식을 취하고 하루키의 모교인 효고 현립 고베 고등학교로 가기 위해 자리에서 일어났다. 2층에 함께 있었던 한 샐러리맨과 손녀를 데리고 온 할머니는 내가 나갈 때까지도 자리에 앉아 각자의 시공간을 누리고 있었다.

악명높은 언덕길에자리한
고베 고등학교

롯코 역에서 고베 고등학교로 가기 위해서는 버스를 타는 방법이 있지만, 악명 높은 고베 고등학교의 언덕길을 직접 경험해 보고 싶어 걸어가기로 했다.

비가 그친 다음 다소 선선해진 날씨 덕에 생각만큼 힘든 길은 아니었다. 벚꽃이 피고 있는 공원을 지나고 학교를 몇 개 지나 드디어 가장 높은 곳에 위치한 고베 고등학교에 도착했다.

고베 고등학교는 1895년 설립된 학교로, 위엄 있어 보이는 외관을 하고 있다. 설립자가 영국식 교풍을 따라가기 위해 애썼다고 하는데, 그래서인지 교내에는 '런던 거리'라는 곳도 있다. 또한 지나치게 규율을 강조하다 보니 학생들의 반발로 등교 거부까지 있었다는데, 1960년대 학원 분쟁 시기에 동참하지 않는 학교에 대한 반발로 하루키 역시 등교 거부에 참여했다는 이야기도 전해진다.

고베 고등학교 정문에서 바라본 고베 시내와 오사카 만의 풍경은 장관이었다. 이 아름다운 풍경을 보고 있자니 하루키가 지진의 상처가 가

고베 고등학교 神戸高等學校
주소 兵庫県神戸市灘区城の下通1-5-1

득한 폭력적인 현실에 대한 안타까움을 토로하게 된 감정을 이해할 수 있을 것 같았다.

학교의 뒷산으로 올라가 보았다. 그곳은 1992년 발표된 《국경의 남쪽, 태양의 서쪽》에서 하지메와 시마모토가 학창 시절 옥상에 올라가 도시와 항구를 내려다보는 장면으로 묘사된 곳이다.
학교 뒷편의 일부 가옥들은 불에 타거나 철거를 앞두고 있어 사람이 살지 않았다. 더 올라가면 나타나는 산 진입로는 효고 현 소유물로 출입을 금한다는 안내판이 붙어 있어, 갈 수 있는 곳까지만 올라가 내려다보이는 풍경을 카메라에 담았다. 이곳에 서면 누구나 하지메가 되고 시마모토가 될 수 있을 것만 같다.

Travel Note

하루키는 고베 고등학교를 졸업하고 부모님이 원하는 학교에 가기 위해 재수를 했다. 하루키가 수학한 학교들 역시 관내에서는 모두 유명한 학교들이다. 지금은 세계적인 작가가 된 하루키에게 이러한 기대 역시 밑거름이 된 것으로 생각할 수 있지만, 하루키와 아버지의 사이가 가깝지 않았다는 것을 생각해 볼 때, 부모의 기대에 대해 하루키 역시 고분고분한 학생은 아니었을 것 같다. 시내로 가기 위해 언덕을 내려가며 마주친 학원 광고판에 괜시리 그런 생각이 들었다.

산은 타는 것보다 내려가는 것이 더 힘이 든다고 했던가. 고베 고등학교를 보고 나니 그때서야 발바닥과 무릎이 아파 옴을 느낄 수 있었다.

《하루키의 여행법》에서 하루키는 고베 고등학교에서 신고베 신칸센 역까지 다시 또 걸어갔지만, 다리가 아파진 나는 버스를 타기로 했다. 고베 시에서 운영하는 버스 역시 간사이 쓰루 패스로 이용이 가능하다.

고베 고등학교 정문에서 17번 버스를 타면, 하루키가 걸어 내려가다가 들른 고베 신칸센 역을 거쳐 산노미야 역까지 갈 수 있다. 산노미야 역에 도착하니 잠시 그쳤던 비가 조금씩 다시 내리기 시작했다.

하루키 인터뷰

아버지와의 추억

하루키는 아버지와의 사이가 그다지 좋지 않았다고 알려져 있는데, 교편을 잡고 있던 부모님 밑에서 자란 외동아들이 자연스럽게 가질 수 있는, 부모로부터 벗어나려는 심리가 발동되지 않았을까 싶다.

초등학교 3학년 때 효고 현의 니시노미야 도서관에서 닥치는 대로 책을 읽었던 것 같아요. 중학생 때부터 19세기 문학을 읽었고, 부모님이 일본 문학을 가르치고 있었기 때문에 그로부터의 도망이랄까요. 세계 문학만 읽다가 대학에 가서야 일본 문학을 접했습니다. 좋아하는 작가는 나쓰메 소세키, 다니자키 준이치로, 그리고 '제3의 신인'입니다.

– 2013년 5월 가와이 하야오 재단 주최 교토대 공개 인터뷰 중에서

*〈제3의 신인(第三の新人)〉: 전후 1953년부터 1995년 사이에 등장한 작가들을 일컫는다. 이들은 일상 속 개개인의 인간성을 그리는 데 초점을 맞추고, 순수 문학, 사소설을 추구했다. 비정치적이라며 평단의 비판을 받기도 했다.

몇몇의 인터뷰에서는 아버지를 생각하는 하루키의 모습도 엿볼 수 있다. 또한 아버지의 옛날 이야기로부터 작품의 모티브를 삼은 일화도 소개하고 있는데 《태엽 감는 새》에서 병사의 피부를 벗겨내는 잔혹한 장면이 바로 그것이다.

제가 어린 시절 아버지는 전쟁에 참여하셨어요. 그는 자주는 아니지만 여러 번 전쟁 이야기를 들려 주었어요. 그렇게 이미지가 만들어졌고, 《태엽 감는 새》에 투영이 되었던 거죠. 물론, 소설 속 사건은 허구입니다. 그러나 그 이미

지는 아버지로부터 이야기를 들었을 때 형성되었고, 지금도 영향을 받고 있는 거죠.   - *2003년 오스트리아 일간지 〈디 프레세〉 인터뷰 중에서*

하지만 2011년 영국의 일간지 〈가디언〉과의 인터뷰에서는 아버지에 대한 불만을 표현하기도 했다. 하루키의 아버지는 2008년에 돌아가셨다.

전 일종의 압박을 받았던 것 같아요. 왜냐하면 제 부모님(교사로서)은 내가 어떤 식으로 자라줄 것이라고 믿는 기대치가 있었기 때문이죠. 그런데 전 그렇지 않았어요.(웃음)
부모님은 내가 학교에서 좋은 성적을 얻을 것이라고 예상했지만 그렇지 않았죠. 너무 오랜 시간 앉아서 공부하는 것이 싫었어요. 내가 하고 싶은 일을 했죠. 난 독립하고 싶었어요. 그래서 대학생 때 결혼하고 재즈 카페를 운영했죠. 그것에 대해 부모님은 불만이셨어요.
저는 자녀가 없습니다. 가끔 우리 부부에게 자녀가 있었으면 어땠을까 하고 생각이 들 때가 있어요. 그런데 그뿐, 더 이상 상상하기가 힘듭니다. 자녀를 둠으로써 행복할 수 있었을까요? 제가 아버지로서의 역할을 잘 해낼 수 있었을까요? 글쎄요. 말하기 어려운 문제네요.

   - *2011년 영국 일간지 〈가디언〉 인터뷰 중에서*

아버지가 돌아가신 후 집필한 《1Q84》에서는 주인공 덴고를 통해 아버지와의 화해를 시도하는 장면이 등장하기도 한다.

고베 도보 여행의 마지막 날

고베 도보 여행(3)
하루키의 학생 시절 : 고베 산노미야

산노미야三宮 역은 한신칸과 고베를 지나는 3개의 전철인 한신, 한큐, JR 노선이 각각 평행선을 그리고 지나다가 일시에 접점을 이루게 되는 곳이다.
산노미야 역은 하루키의 고교 시절이 그대로 담겨 있는 곳으로, 당시 항구 도시였던 고베는 많은 외국인 선원들이 들여온 외국 서적들이 거래되는 시장이 많았다. 그때 하루키는 처음 레이먼드 챈들러의 미국 탐정 소설을 접하게 되었다고 한다.

《하루키의 여행법》에 나온 〈고베 도보 여행〉 편 대로 따라 걷다 보니 아침으로 칼로리 메이트 한 개와 캔커피, 점심으로 햄버거 세트가 전부였다. 그래서 조금 이르지만 저녁은 제대로 먹기로 마음 먹었다.

하루키는 고베 고등학교에서 걸어 내려와 신칸센 신고베 역 근처 호텔 커피숍에서 커피를 두 잔 마시고, 산노미야 역으로 내려와 영화를 한 편 보고 피자를 먹으로 갔다. 나는 시간상 영화는 건너뛰고 산노미야 역에서 바로 피노키오 피자로 향했다.

고베 산노미야

MAP

❶ 피노키오 피자
주소 兵庫県神戸市中央区中山手通2-3-13太洋ビル 1F
위치 산노미야 역 북쪽 출구에서 도보 10분
전화 078-331-3330
시간 11:30~24:00(연중무휴)

❷ 고베 항 지진 메모리얼 파크
주소 兵庫県神戸市中央区波止場町2

❸ 하프 타임
주소 兵庫県神戸市中央区琴ノ緒町5-4-11西川ビル 2F
위치 산노미야역 북쪽 출구에서 도보 5분
시간 19:00~24:00
휴무 매주 일요일(공휴일)

당신의 방문을 기억해주는
피노키오 피자

하루키 '고베 도보 여행'의 마지막 장소다. 하루키는 산노미야 역에서 영화를 보고 저녁을 먹기 위해 이곳에 들른다. 녹색 간판의 이탈리아 레스토랑인 피노키오는 오픈 초기에 한 번 위치를 옮겼지만, 그 이후 계속 이 자리에서 영업을 해 오고 있다.

문을 열고 들어가자 커플과 아주머니 두 분이 식사를 하고 있었다. 자리를 안내해 주려는 직원에게 하루키가 앉았던 바 테이블로 자리를 부탁했다.

기분이 묘했다. 책에서 보았던 장소가 아직까지 이렇게 남아 있다니 신기했다. 하루키가 주문했던 시푸드 피자와 생맥주를 주문했다. 피자가 크지 않아서 혼자 어떻게 다 먹지 하는 걱정은 안 해도 된다. 맥주는 아사히 슈퍼 드라이 생맥주로 부드러운 거품이 일품이었다. 피자는 새우, 조개 등 해산물이 올라간 씬 피자로 맛이 훌륭했다.

피노키오 피자
PIZZA HOUSE PINOCCHIO
주소 兵庫県 神戸市 中央区 中山手通 2-3-13 太洋ビル 1F
위치 산노미야 역 북쪽 출구에서 도보 10분
시간 11:30~24:00(연중무휴)
전화 078-331-3330

산노미야 역 三宮駅
주소 神戸市 中央区 加納町4

피노키아의 피자에는 당신의 방문을 기억하겠다(In memory of your visit)는 문구와 피자의 번호가 적힌 종이가 함께 나온다. 하루키가 방문했을 때에는 958,816번으로 100만 개가 조금 못 되었는데, 어느덧 백만 개가 넘는 피자가 만들어지고, 내가 먹은 시푸드 피자는 하루키가 방문한 이후 292,409개째 피자가 되었다.
하루키는 이 넘버링을 보며 숫자에 대한 의미를 찾으려 시도하지만, 이내 무의미함을 알아차리고, 산과 바다가 변해 버린 도시의 모습에 다시 한 번 허망함을 느끼며 고베 도보 여행을 끝낸다.

그렇지만 나는 하루키의 방문 이후 292,409번째라는 숫자에 의미를 부여하고, 피노키오의 컵받침과 피자 넘버링 종이를 기념으로 가지고 왔다. 직원의 배려로 가게 내부 사진도 찍을 수 있었다.
내부에는 피노키오 인형이 놓여 있고, 하루키가 피노키아 피자를 소개한 《하루키의 여행법》 책자도 함께 가지런히 놓여 있었다. 1962년부터 줄곧 쉬지 않고 영업을 해 온 피노키오가 더 장수하기를 바란다.

한신대지진의 아픔을 기리는
고베 항 지진 메모리얼 파크

피노키오에서 피자 한 판과 생맥주 한 잔을 마시고, 기분이 좋아져 느긋하게 바닷바람을 쐬며 산노미야 역 쪽으로 걸어왔다.
하루키가 이곳에 온 것은 대지진이 일어난 지 2년 뒤인 1997년 5월이었고, 메모리얼 파크가 완공된 시기는 그 두 달 뒤인 1997년 7월이었다. 하루키가 고베에 왔을 때 메모리얼 파크가 있었다면 분명히 방문했을 것이라고 생각되었다. 산노미야 역에서 그대로 고베 항까지 걸어가 메모리얼 파크에 가 보기로 했다.

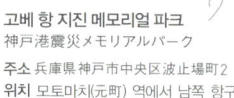

고베 항 지진 메모리얼 파크
神戸港震災メモリアルパーク
주소 兵庫県 神戸市中央区波止場町2
위치 모토마치(元町) 역에서 남쪽 항구 쪽으로 600미터

종일 흐렸던 날씨에 빗방울이 간간이 떨어졌는데 이제 제법 굵은 빗방울이 떨어지기 시작했다. 비가 와서 방문객이 거의 없었다. 메모리얼 파크에는 지진 당시 무너진 항구의 제방과 기울어진 가로등 등을 그대로 두어 후세들이 지진의 아픔을 함께 기억할 수 있게끔 보존해 두었다. 그리고 사진과 음향 자료를 통해 그 전달력을 극대화하고 있다.

추적추적 내리는 비 덕분에 감상에 젖기에도 더없이 좋았다. 우산을 쓰고 고베 항을 걸어 보았다. 공원 한가운데에 놓인 하얀 벤치에 우산을 쓰고 앉아 무언가를 읽고 있는 여인이 눈에 띄었다. 지진으로 잃은 소중한 사람과의 추억을 달래고 있는 걸까. 그 뒷모습이 한없이 쓸쓸해 보였다.

고베 항은 《해변의 카프카》에서 시코쿠로 향하는 나카타 노인과 호시노 청년이 고베에 도착해 바다를 보며 얘기를 나누는 장면의 배경으로 묘사되기도 한다. '입구의 돌'을 찾기 위해 시코쿠로 향하는 나카타 노인과 알 수 없는 이끌림으로 그와 동행하게 된 호시노 청년이 세토나이 해瀨戶內海를 바라보는 곳이다.
고베 항을 조금 더 걷다가 오늘의 마지막 여정인 재즈 바 '하프 타임'으로 향했다.

영화 〈바람의 노래를 들어라〉의 촬영지
하프 타임

하루키의 데뷔작인 《바람의 노래를 들어라》와 두 번째 작품 《1973년의 핀볼》에는 주인공 '나'와 '쥐'가 땅콩 껍질을 바닥 그득히 쌓아가며 맥주를 마시고 핀볼 게임을 하는 '제이스 바'가 등장한다. 소설 속 장소는 고베 시가 아니라 아시야 시에 있어야 맞지만, 소설에서 얘기한 위치에는 재즈 바가 없다.

하지만 1980년 하루키와 같은 중학교 출신인 오모리 가즈키 감독에 의해 영화로 제작된 〈바람의 노래를 들어라〉에서 산노미야의 '하프 타임'을 '제이스 바'로 등장시켰다. 그래서 '하프 타임'을 '제이스 바'로 생각하고 방문하게 되었다.

주소를 찾아가 바 앞에 도착하니 가게는 아직 오픈 전이었다. 옆 가게 스시집 주인 아저씨로부터 저녁 7시부터 영업을 시작한다는 얘기를 듣고는, 잠시 쉬면서 일정을 정리할 겸 근처의 도토루 커피숍에 들어갔다. 흡연실에서 흘러나오는 연기가 피로를 가중시키는 것만 같았지만 커피를 마시며 차분히 오늘의 일정을 정리했다.

하프 타임 Half Time
주소 兵庫県神戸市中央区琴ノ緒町 5-4-11西川ビル 2F
위치 산노미야역 북쪽 출구에서 도보 5분
시간 19:00~24:00
휴무 매주 일요일(공휴일)

하프 타임은 한큐센 산노미야 역에서 북쪽으로 두 블록 정도 위에 위치해 있다. 3층 건물의 입구에 들어서면 바로 위로 이어지는 계단이 있고 영업은 2층에서 한다. 3년째 일하고 있는 아르바이트 학생과 바 주인의 부인이 운영하고 있었다. 바 주인인 남편은 평일에는 직장 생활을 하고 주말에만 출근한다고 한다.

주인 아주머니는 하루키에 대해 잘 알고 있었다. 영화 〈바람의 노래를 들어라〉 촬영 시 본인이 직접 땅콩 껍질을 바람에 날리기도 했다며 당시의 재미있는 에피소드도 얘기해 주셨다.

하프 타임에는 핀볼 머신과 오래된 재즈 앨범들이 있고, 맥주는 기린 맥주와 코로나 맥주 중 고를 수 있으며, 다양한 보드카도 준비되어 있다. 맥주를 시키면 기본으로 에그참치 타르트 한 조각이 딸려 나오는데, 그렇게 해서 기린 병맥주 한 병이 900엔이다.

맥주 두 병을 마시고 천천히 가게를 구경했다. 아쉽지만 하루키는 아직 하프 타임에 오지 않았다고 한다.
하루키의 흔적을 따라 여행을 하고 있다고 소개를 하니, 무척이나 반겨 주었다. 아르바이트 학생도 역시 하루키의 팬으로, 파인딩 하루키 여정의 다음 행선지인 교토와 시코쿠에 대해 함께 얘기를 나누었다. 어느새 퇴근길에 들른 단골 샐러리맨도 함께했다.
하루키 여행을 하고 있는 나를 신기하게 생각한 그들과 말은 잘 통하지 않지만, '하루키'와 '한국'이라는 주제로 천천히 많은 얘기를 나눌 수 있었다.

주인 아주머니는 소다수에 앱솔루트를 섞어 한 잔을 선물로 주셨다. 가게 내부 사진도 흔쾌히 찍게 해 주어 마음껏 구석구석을 둘러볼 수 있었다.

다른 나라에 살지만 서로에게 귀를 기울이고 이해하려 노력하는 따뜻한 마음을 느낀 소중한 시간이었다. 하프 타임에서의 기억은 '파인딩 하루키' 전체 여정 중에서 가장 소중했던 추억으로 남았다.

주인 아주머니와 아르바이트 학생은 《노르웨이의 숲》 영문판 책을 들고 사진을 찍으며 '파인딩 하루키' 여정을 함께 응원해 주었다.

Travel Note

오사카의 숙소로 돌아가기 위해 11시가 조금 넘은 시간 하프 타임에서 나올 수 밖에 없었다. 적당히 아쉬움을 남겨야 다음에 반드시 다시 오게 될 것 같았다. 다음에 다시 하프 타임에 들를 생각을 하니 벌써 행복해졌다. 그때까지 모두들 잘 있었으면 좋겠다. 계단을 내려와 다시 한 번 하프 타임을 바라보며 셔터를 눌렀다.

하루 종일 도보 여행을 하다 보니 무척 피곤한 상태였는데 맥주와 보드카, 하루키를 좋아하는 아르바이트 청년과 친절한 주인 아주머니 덕에 피로가 싹 가셨다. 나홀로 여행인 만큼 다른 사람과의 대화를 통해 환하게 웃을 수 있는 시간이 필요하다는 것을 느낄 수 있는 시간이었다.

오모리 가즈키 감독의 영화 〈바람의 노래를 들어라〉

《바람의 노래를 들어라》는 하루키의 1979년 데뷔작이다. 영화 〈바람의 노래를 들어라〉는 하루키와 같은 중학교 출신인 오모리 가즈키 감독이 당시 신인 배우였던 고바야시 가오루와 함께 독립 영화 성격으로 만든 것으로, 1978년에 영업을 시작한 산노미야의 재즈 바 '하프 타임'이 소설 속 중요한 배경지인 '제이스 바'로 등장한다. 1978년 재즈 바 '하프 타임'이 영업을 시작하고, 1년 뒤 하루키는 1979년에 첫 소설 《바람의 노래를 들어라》를 출간했으며, 다시 1년 뒤 1980년에 이 하프 타임을 배경으로 영화가 만들어졌다.

하루키는 에세이에서 후배 오모리 가즈키 감독과의 친분을 드러내기도 했다. 종이와 펜만 있으면 일을 진행할 수 있는 소설가가 영화감독보다 더 마음 편한 직업이라며 농담을 던지면서 말이다. 영화 촬영 당시 '하프 타임'은 자신의 간판을 잠시 떼어내고 '제이스 바'라는 간판으로 바꿔 달았다고 한다. 영화 촬영 당시에 선풍기로 땅콩 껍질을 날리기도 했는데, 당시의 땅콩 병 소품이 여전히 가게에 남아 있다.

Finding Haruki

한신칸 & 고베
1일 추천 코스

❶ **숙소가 오사카에 있을 경우**

오사카에서 숙박을 하며, 오사카 여행 중 하루를 하루키 여행으로 테마를 잡고자 한다면, 다음과 같은 일정으로 오전, 오후를 나누어 둘러보도록 하자.

 오전

고시엔 야구장
p.20

하루키가 가장 아름다운 야구 구장이라고 칭찬한 곳

슈쿠가와 오아시스 로드 p.26

하루키의 중학 시절의 낭만을 고스란히 간직한 아름다운 길

우치데 도서관
p.46

하루키의 재수 생활을 함께한 도서관

 오후

고베 고등학교
p.62

악명 높은 언덕길로 유명한 하루키의 모교

고베 항 지진 메모리얼 파크 p.74

한신 대지진의 아픔을 기리는 곳

피노키오
p.72

하루키가 고베 도보 여행의 끝에 방문한 맛있는 피자집

❷ 숙소가 고베에 있을 경우

고베에서 숙박을 할 경우, 오전에는 한신칸 한두 군데에 다녀 오고, 고베에서 나머지 코스를 소화하는 것이 좋다. 저녁 시간에 여유가 있으므로 재즈 바 '하프 타임'에도 들러 보자.

오전

슈쿠가와
오아시스 로드 p.26

하루키의 중학 시절의 낭만을 고스란히 간직한 아름다운 길

우치데 도서관 p.46

하루키의 재수 생활을 함께한 도서관

오후

고베 고등학교 p.62

악명 높은 언덕길로 유명한 하루키의 모교

고베 항 지진
메모리얼 파크 p.74

한신 대지진의 아픔을 기리는 곳

피노키오 p.72

하루키가 고베 도보 여행의 끝에 방문한 맛있는 피자집

하프 타임 p.76

영화 〈바람의 노래를 들어라〉에서 제이스 바로 등장한 재즈 바

Part 2

교토에서 만난 청년 하루키

오사카에서 교토로 떠나는 날 새벽, 위층 침대를 쓰는 미국 청년이 읽고 있던 책이 아래로 떨어졌다. 《노르웨이의 숲》의 2003년 영문판이었다. 반가운 마음에 얘기를 나눠 보고 싶었지만, 아침 일찍 계획된 일정에 아쉬움을 접고 교토로 가는 열차에 올랐다.

벚꽃이 만개하기 시작한 교토는 다소 들떠 있는 듯한 느낌이었다. 엄청난 수의 외국인들 모습에 나도 반가운 기분이 들었다. 교토에서 묵을 백팩커스Backpackers 게스트 하우스에 짐을 두고, 교토를 간단히 둘러보기로 했다.

가장 먼저 간 곳은 교토의 북동쪽에 위치한 은각사銀閣寺였다. 여유 있게 둘러보고 나와 은각사 입구 왼쪽으로 나 있는 고요한 '철학의 길'을 걸으며 이제 막 피기 시작한 벚꽃 구경에 빠졌다. 은각사와 철학의 길을 둘러보고 교토대를 거쳐 가모가와 강을 지나 교토 시내인 기온시조 거리로 나갔다. 시내에도 내천이 흐르고 그 위로 벚꽃이 아름답게 펼쳐졌다.

교토 시내 이곳저곳을 둘러보다 저녁으로 산조 역의 간코 스시 본점がんこ寿司을 찾았다. 바 테이블에 앉아 시원한 맥주와 스시 모듬과 농어 초밥을 한 접시 먹고, 새우 튀김까지 먹어 버렸다. 여행 초반에 제대로 된 식사를 하지 못했던 한을 이곳에서 모두 풀어 버렸다.

이 해 5월, 하루키가 교토 대학교에서 공개 인터뷰를 가졌는데, 인터뷰 중에 교토의 간코 스시 이야기가 나왔다. 소바가 먹고 싶어 산조 거리를 기웃거리고 있는데 간코 스시의 젊은 직원이 평소 좋아하던 하루키를 알아보고 간코 스시로 안내했다고 한다.

맛있는 저녁을 먹고 게스트 하우스로 돌아오는 길, 해가 지고 벚꽃길이 조명에 비춰 아름다운 야경을 만들어 내고 있었다.

1. 오사카를 떠나는 날 떨어진 하루키 책
2. 고요한 정원 은각사
3. 은각사 입장권
4. 은각사 정문 왼편으로 펼쳐지는 철학의 길
5. 내천이 흐르고 벚꽃이 만개한 기온시조 거리
6. 7. 간코 스시 산조 본점
8. 벚꽃이 만개한 밤의 거리

간코 스시 がんこ寿司
주소 京都府京都市中京区中島町101
위치 산조 역에서 도보 1분
전화 075-255-1128

백패커스 호스텔
Backpackers Hostel K's House Kyoto

주소 京都府京都市下京区土手町通七条上る納屋町418
홈페이지 kshouse.jp

교토, 효고 현 외곽

❶ 교토 산업 대학
주소 京都府京都市北区上賀茂本山
홈페이지 kyoto-su.ac.jp

❷ 히로가와라
주소 京都府京都市左京区広河原尾花町
위치 히로가와라 버스(32번) 종점에서 도보 5분
홈페이지 kyoto-su.ac.jp

❸ 카페 쇼베에
주소 京都府京都市左京区広河原尾花町
위치 히로가와라 버스(32번) 종점에서 도보 3분
시간 09:00~17:00
휴무 연중무휴이나 비성수기에는 주인 재량껏 영업

❹ 미야마소
주소 京都府南丹市美山町
미야마 관광 협회 www.miyamanavi.net

❺ 부조지
주소 京都市左京区花背原地町772
위치 32번 버스 다이히잔구치(大悲山口) 정류장에서 도보 30분

❻ 겐주암
주소 滋賀県大津市国分2-5
위치 이시야마 역 남쪽 출구에서 버스로 다섯 정거장(약 2.3km)
시간 09:30~16:30, 월요일 휴관

❼ 이마고 해안
주소 兵庫県美方郡香美町香住区境
위치 가스미 역에서 4km, 역 앞 택시로 10분
버스 가스미 역 앞에서 하루 4대 운영
가스미 관광 센터 kasumi-kanko.com

❽ 데라마에 역
주소 兵庫県神崎郡神河町鍛冶字八重向142-2

❾ 도노미네 고원
주소 兵庫県神崎郡神河町川上
위치 데라마에 역에서 20km, 렌터카 20분(렌트카가 택시보다 저렴하다)
버스 성수기(6~10월)에만 셔틀 형식으로 운영됨

MAP
교토 시내, 가모가와 강

❶ 백패커스 호스텔
주소 京都府京都市下京区土手町通七条上る納屋町418
홈페이지 kshouse.jp

❷ 간코 스시
주소 京都府京都市中京区中島町101
위치 산조 역에서 도보 1분 전화 075-255-1128

❸ 데마치야나기 역
주소 京都市左京区田中上柳町32-1

❹ 가모가와 강
교토를 남북으로 가로지르는 강

❺ 준세이
주소 京都市左京区南禅寺草川町60
위치 게아게(蹴上) 역에서 도보 5분 전화 075-761-2311

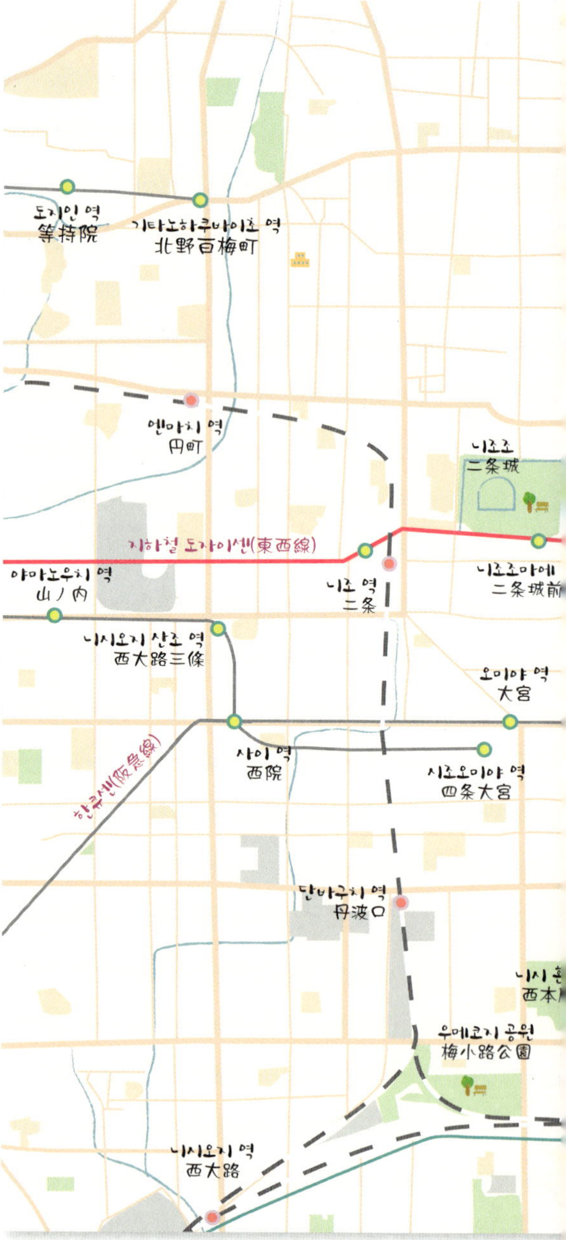

노르웨이의 숲의 나오코를 찾아서

교토(1)
나오코가 있던 아미료 요양원 : 히로가와라

교토와 효고 현의 외곽 지역에서는 소설《노르웨이의 숲》과 영화〈노르웨이의 숲〉촬영 장소를 모두 둘러볼 수 있다.

먼저, 소설《노르웨이의 숲》에서 여자 주인공 나오코가 요양했던 교토京都의 산 속 아미료阿美寮를 찾아가 보기로 했다. 나오코는 갑자기 연락이 두절된 후 교토의 요양원에 들어가는데, 그곳에서 온 나오코의 편지를 받고 와타나베가 그 주소를 찾아 나선다.

소설 속 장소는 비교적 세세하게 묘사되어 있어 찾

아가는 게 어렵지는 않다. 특히 일본 사이트 도쿄쿠레나이단東京紅團에서 도움을 받았는데, 소설에서의 묘사와 도쿄쿠레나이단 사이트에서 안내된 것에는 각각 조금씩 차이가 있었다. 소설에서는 버스 번호가 16번이었는데 실제의 버스 번호와 다르고, 도쿄쿠레나이단 사이트에서는 버스 번호 32번은 같지만 출발하는 장소에 차이가 있었다.

소설 속 아미료의 실제 장소인 히로가와라広河原로 가는 버스가 출발하는 곳은 데마치야나기出町柳 역으로 교토의 중심을 흐르는 가모가와 강으로 모이는 두 개의 지류가 Y자 모양으로 만나는 지점에 위치하고 있다. 버스는 하루에 3대뿐이었다. 첫차가 아침 7시 50분이라 혹시 늦을까 싶어 게스트 하우스에서 6시 반경에 부지런을 떨면서 나섰다. 교토의 직장인들은 금요일 출근길을 서두르고 있었다.

Tip

Thanks To

파인딩 하루키 24일간의 여정을 계획하는 데 많은 도움을 받은 일본의 웹사이트가 있는데, 이 자리를 빌려 감사의 인사를 전한다. 다자이 오사무부터 비트 다케시까지 일본의 유명한 문화인들의 작품 속에 나오는 장소들을 직접 답사해서 보기 좋게 정리해 놓은 사이트다.
도쿄쿠레나이단 : tokyo-kurenaidan.com

와타나베식 아침 준비하기
데마치야나기 역

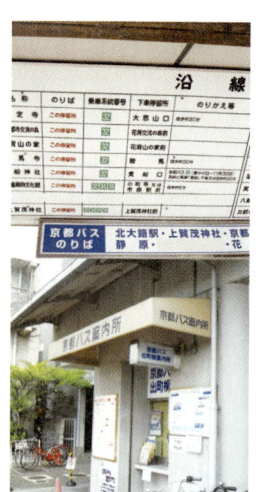

데마치야나기 역 出町柳駅
주소 京都市左京区田中上柳町32-1

첫차 출발 시간보다 30분 정도 일찍 데마치야나기 出町柳 역에 도착해서 주변을 둘러보았다. 아침으로 무엇을 먹을까 고민하다가 《노르웨이의 숲》의 내용을 생각해 보았다.

나오코를 찾아가는 와타나베는 요양원의 구내 식당에서 포테이토 스튜, 샐러드, 빵, 오렌즈 주스를 먹었다. 와타나베가 먹은 것과 비슷하게 아침을 준비해 보기로 하고 역 주변을 둘러보았다.

먼저, 롯데리아에서 포테이토 스튜와 비슷하게 콘스프와 커피를 주문했다. 그리고 맞은편에 있는 베이커리 시즈야 SIZUYA에서 베이컨&계란 페이스트리와 메론빵을 골랐다. 마지막으로 음료 자판기에서 오렌지 주스를 하나 뽑았다. 샐러드는 근처 편의점에서 찾아보려 했으나 버스 시간이 얼마 남지 않아 포기하기로 했다.

아침 식사로 콘스프에 커피, 빵 2개면 충분할 듯했다. 다만, 아미료의 산속에서는 음료를 살 곳이 없을 것 같아서 추가로 녹차와 캔커피를 구매했다. 이 정도로 충분한 식사가 준비되었다.

식사거리를 조심히 들고 7시 50분 첫차를 기다렸다. 그리운 나오코를 만나러 가는 와타나베의 심정을 느껴 보기 위해 잠시 벤치에 앉아 소설 속 몇 구절을 다시 읽어 보았다. 간절한 와타나베의 심정이 전해져 오는 듯했다.

시즈야 베이커리 SIZUYA
주소 京都府京都市左京区上柳町32-1
위치 데마치야나기 역 5번 출구 버스 정류장 옆
시간 07:00~20:00(연중무휴)

소설 속 아미료 마을로 떠나는
32번 버스

버스는 정확히 7시 50분에 정류장에 도착했다. 산속으로 가는 버스라 승객이 많지 않을 줄 알았는데, 교토 산업 대학 京都産業大을 경유하고 있어서 학생이나 직원, 외국인 교수로 보이는 사람들이 많이 탔다.

교토 여행자들은 주로 버스 1일 패스를 사용하여 교토 시내를 돌아보는데, 이 패스의 사용 가능 권역이 교토 산업 대학까지라서 추가로 860엔을 더 지불해야 했다.

32번 버스의 종점은 히로가와라 広河原로, 울창한 숲이 있어 겨울이면 하얀 설경으로 유명한 스키장이 있는 곳이다. 소설 속에서 하얀 설경을 묘사하는 것을 볼 때 아미료가 바로 이곳일 것이라는 생각이 들었다. '도쿄쿠레나이단'에 따르면 하루키는 어느 잡지에 기고한 글에서 교토의 미야마소 美山荘라는 여관에서 하루 묵은 일을 기록하고 있는데 그곳에서의 기록이 소설 속 묘사와 일치한다고 한다.

32번 버스는 첫 번째 정류장인 데마치야나기 出町柳 역을 떠나 가모가와 강의 다리를 동서로 2~3회 순환하다가 교토 산업 대학을 지나 울창한

교토 산업 대학 京都産業大学
주소 京都府京都市北区上賀茂本山
홈페이지 kyoto-su.ac.jp

삼나무 지대로 들어가며, 2시간 여정의 시작을 알린다. 교토 산업 대학을 지나면 온천으로 형성된 자그마한 마을을 지나고 곧 삼나무 숲이 우거진 장관이 펼쳐지는 구불구불한 길을 달린다.

소설에서의 묘사처럼 길이 좁아 버스가 한 대밖에 지나가지 못해 맞은편에서 버스가 대기했다가 상대편 버스를 보내고 다시 출발하기도 했다. 중간중간 아랫마을에서 윗마을로 가는 주민들이 타고 내리기를 몇 차례 반복하며 버스는 천천히 아미료의 마을로 흘러 들어갔다.

산 속 깊숙히 들어갈수록 공기가 차가워졌다. 이내 열었던 창문을 닫고 버스 의자에 몸을 깊숙이 묻었다. 어느새 버스 안에는 버스 기사와 나 단 둘뿐이었다.

소설 속의 아미료 마을
히로가와라

버스는 2시간을 조금 못 달려 32번 버스의 종점인 히로가와라 広河原에 도착했다. 소설 속의 장소 아미료는 실재하지 않지만, 하루키는 이곳 주변의 마을 숙소에 묵으러 왔다가 소설 속에 이곳을 묘사하겠다고 마음 먹었을지도 모른다. 또는 소설을 쓰다가 자연스럽게 이곳이 떠올랐을 것이다.

소설 속에서 묘사하는 요양원으로 가는 길과 일치하는 정확한 곳은 버스의 종점인 히로가와라에 도착하기 세 정거장 전, 다이히잔구치 大悲山 정류장에서 내려 30분을 더 걸어야 만날 수 있는 미야마소 美山莊 나 부조지 峰定寺로 향하는 길이다.

'파인딩 하루키' 여정을 진행하면서 하루키는 자신이 직접 보고 다녀온 곳을 묘사한다는 확신을 갖게 되었다. 작가로서의 근면함과 완벽주의적인 모습을 엿볼 수 있는 부분이었다. 또한 현실과 비현실을 넘나드는 소설 구조에서는 비현실적인 묘사를 통해 깊은 심연으로 들어가 서술을 하고, 현실적인 측면은 그가 직접 본 것을 묘사함으로써 그 대립

히로가와라 広河原
소설 속 아미료의 장소
주소 京都府京都市左京区広河原尾花町
위치 히로가와라 버스(32번) 종점에서 도보 5분
지도 p.89

데마치야나기 역 버스 시각표
일~월 07:50, 10:00, 14:50
시각표는 바뀔 수 있으므로 교토 버스 홈페이지(www.kyotobus.jp)에서 확인

미야마소 美山莊
주소 京都府京都市左京区花脊原地町375
전화 075-746-0231
미야마 관광 협회 www.miyamanavi.net

부조지 峰定寺
주소 京都市左京区花脊原地町772
위치 32번 버스 다이히잔구치(大悲山口) 정류장에서 도보 30분

구조를 극대화하고 있는 듯했다.

종점에 내려 주변을 산책하고 정류장 앞에서 준비해 온 아침을 먹었다. 식사는 꿀맛이었다. 콘스프는 아직 온기가 남아 있었고, 페이스트리와 메론빵 역시 맛이 좋았다. 오렌지 주스는 더욱 청량하게 느껴졌다. 식사는 아쉬울 정도로 금세 끝나 버렸지만, 차갑게 느껴졌던 산 속의 공기는 조금 따뜻해졌다.

간간이 스키장 반대편 언덕에서 자전거 트래킹을 하고 있는 무리가 내려와 시원하게 지나쳐 가기도 했다. 버스는 하루에 4대뿐으로, 올 때 타고 들어온 첫 번째 버스가 다시 돌아나갈 때까지 1시간 정도의 여유가 있어 잠시 주변을 둘러보았다.

재생의 힘을 얻은 커피한잔
카페 쇼베에

주변을 둘러보니 산장 콘셉트로 만들어진 카페가 하나 있었다. 가까이 다가가 살펴보니 영업은 하고 있는 곳 같은데 주인이 보이지 않았다. 한참 서성이다 외부에 놓인 의자에 걸터앉아 경치를 감상하고 있는데 카페 주인으로 보이는 아주머니가 다가오셨다.
'아 다행이네요. 오늘은 문을 안 열려고 했었거든요.' 예전에는 매일 문을 열었는데, 요즘은 비시즌이기도 하고 집안일이 있어 그렇게 하지 못하고 있다고 했다.
버스가 돌아 나가기까지 1시간 정도 여유를 얻은 버스 기사는 모자를 벗고 운전석에서 한껏 자세를 낮춰 눈을 감고 쉬고 있었다. 아주머니는 내가 이곳까지 찾아온 이유를 궁금해 하셨다. 하루키를 모르는 아주머니께 '파인딩 하루키' 여정을 시작하면서 만들어 놓은 명함을 건네고 간단히 하루키에 대해 설명을 드렸다.
"하루키라는 작가가 쓴 책에 등장하는 여주인공이 이곳에 위치한 병원에서 묵어요."

커피집 쇼베에 庄兵衛
주소 京都府京都市左京区広河原尾花町
위치 히로가와라 버스(32번) 종점에서 도보 3분
시간 09:00~17:00
휴무 연중 무휴이나 비성수기에는 주인 재량껏 영업
전화 075-746-0350
지도 p.89

"이곳에는 병원이 없는데?"
"아, 소설 속의 장소에요."
"그 여자 죽나요?"
"글쎄요, 기억이 잘……."
나는 말을 얼버무리면서 상황을 넘겼다. 소설의 내용을 왜곡하고 싶지도, 아주머니의 거주지를 죽음과 연관 짓고 싶지도 않았다. 하루키는 자살이나 상실, 죽음 등에 대해 많이 다루지만, 그것 역시 재생에 대한 강한 메시지를 나타내기 위한 것이라 생각한다. 하지만 그것까지 아주머니에게 설명할 자신은 없었기에 적당한 타협선을 찾은 것이다.

아주머니가 내려 준 원두커피 한 잔을 마시고 짧은 만남에 아쉬운 인사를 하고 나왔다. 그 커피 한 잔으로 내가 재생의 힘을 얻었다고 하면 지나친 말이 될까.

노르웨이의 숲

《노르웨이의 숲》은 하루키의 다섯 번째 장편소설로 1987년 일본에서 출간되었다. 이 작품은 하루키가 처음으로 리얼리즘 소설을 제대로 써 보기로 결심하고 집필한 것으로, 이 소설로 하루키는 베스트셀러 작가 대열에 오르며 이후 내놓는 작품마다 많은 열풍을 일으켰다. 그러나 정작 하루키 본인은 스스로 만족하지 못하는 작품이라고 알려져 있다.

"《노르웨이의 숲》 이전에는 10만부 정도씩 팔렸어요. 물론 나쁘지 않았죠. 그러나 더 많은 독자에게 제 작품을 선보이고 싶었어요. 야심에 차 있었다랄까요. 《노르웨이의 숲》은 제가 작가로서 어떤 문을 열고 들어갈 수 있게 해 준 지렛대와도 같은 역할을 했다고 생각해요. 이 소설을 쓰고 '좋아, 난 할 수 있어'라는 생각을 할 수 있었지만 '내가 원하는 것은 아니다'라는 것도 함께 알게 해 주었죠."

– 2014년 네덜란드 일간지 〈NRC〉 인터뷰

《노르웨이의 숲》은 읽기 쉽고 이해하기도 쉽기에 보다 많은 사람들과 접할 수 있었고, 그로 인해 하루키의 다른 작품들도 더 많은 관심을 받게 되었다. 그러나 하루키 자신은 리얼리즘 이야기를 좋아하지 않으며 《세계의 끝과 하드보일드 원더랜드》 같은 초현실적인 이야기를 선호한다고 이야기한다.

　《노르웨이의 숲》은 우리나라에서 1989년 《상실의 시대》라는 제목으로 출간되어 하루키 열풍을 일으키며 베스트셀러가 되었다. 하지만 하루키는 한국의 번역 제목인 《상실의 시대》를 마음에 들어 하지 않았다고 한다.

　《상실의 시대》는 1995년 우리나라가 세계무역기구의 지적재산권 협정에 가입하기 이전인 1989년에 출간된 책으로, 당시에 정식 판권 계약을 하지 않은 《노르웨이의 숲》이라는 제목으로 20여 권의 책들이 난무하고 있었지만 유일하게 《상실의 시대》라는 제목으로 출간된 책만이 독자들의 마음을 사로잡았다. 그렇기에 《상실의 시대》를 출간한 문학사상사에서는 지금도 그 제목을 고집하고 있다.

　한편 2013년 민음사에서 무라카미 하루키와 정식 판권 계약을 체결하고 《노르웨이의 숲》을 출간해 민음사 세계문학전집의 한 권으로 포함시키면서, 무라카미 하루키는 세계적인 작가들과 이름을 나란히 하며 새롭게 한국 독자들을 만나고 있다.

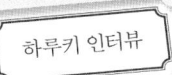

번역과 번역 작품에 대해서

하루키는 소설가이면서 번역가로서도 왕성한 활동을 하고 있다. 소설을 쓰지 않는 시기에는 자신이 좋아하는 영미권 작가들의 작품을 스스로 번역하여 출간하기도 하였는데, 영어로 번역된 자신의 작품 역시 읽어 본다고 한다.

번역은 제 취미에요. 학창 시절부터 영어로 된 소설책을 많이 읽었어요. 그리고 일본어로 번역을 해 보았죠. 지금 생각해 보면 일종의 훈련이었네요. 제가 좋아하는 작가인 스콧 피츠제럴드의 작품을 시작으로 본격적으로 번역을 해 오고 있습니다.

자신의 책은 언제나 스스로의 이기적인 과정에 의한 산물이죠. 그런데 정말 좋은 책을 번역한다면, 번역자의 자아가 사라지는 듯한 경험을 할 수 있어요. 또한 정반대의 경우도 있을 수 있습니다. 번역을 통해 다른 작가의 생각에 접근할 수 있는데, 그것은 아주 특별한 경험이죠. 다시 말해서, 번역을 하는 동안 완벽하게 자신의 마음으로부터 떠나 있다는 얘기입니다.

그리고 다른 사람의 생각에 자신의 표현을 사용할 수 있습니다. 저에게는 일종의 치료와도 같죠. '번역 치유'랄까요. 언제나 자신의 마음 속만을 읽으려고 애쓰는 건 고된 일이거든요.

– 2003년 오스트리아 일간지 〈디 프레세〉 인터뷰 중에서

또한 하루키는 자신의 작품이 영어 이외에 각각 다른 언어로 다른 나라에서 번역되고 있는 데에 기쁨을 나타내기도 했다.

작은 나라에 가서도 제 책이 있는 것을 보면 기쁩니다. 아이슬란드나 핀란드어로도 번역이 되고 있어요. 독자층이 적고 책으로 인한 수입도 적겠지만, 자신들의 언어에 대해 자부심이 있고 무라카미 하루키라는 작가의 작품을 자신들의 언어로 번역하고 싶다고 생각해 주는 것은 정말 기쁜 일입니다.

- 2013년 교토대 공개 인터뷰 중에서

독일에서 《국경의 남쪽, 태양의 서쪽》은 미국의 영문판을 독일어로 번역하여 출간되었는데, 그 과정에서 지나치게 선정적으로 묘사되면서 이슈가 되기도 하였다. 이에 대해 하루키는 다소 불편한 심기를 드러냈다.

독일 출판사에서 일본어를 독일어로 바로 번역할 수 있는 작가를 찾지 못했다는 것이 이상해요. 독일에도 많은 지식인과 작가들이 있을 텐데요. 분명 독일에서도 일본어를 읽고 쓸 수 있는 사람을 쉽게 찾을 수 있을 겁니다. 바로 당신도 지금 하고 있잖아요. 만약, 편집자가 저에게 물었다면 당연히 일본어 번역가를 찾는 것이 좋겠다고 얘기했을 겁니다.

- 2001년 독일 주간지 〈디 차이트〉 인터뷰 중에서

하루키 인터뷰

자극적인 묘사에 대해서

하루키의 작품에는 섹스 장면에 대한 묘사가 많은데 이러한 장면들은 현대 일본 문학에서도 상당히 수위가 강하다는 의견들이 있다.

성적 활동은 외부 세계와 자신의 내면을 연결하는 중요한 인간의 행위입니다. 또한 커뮤니케이션의 한 형태이자 사람 사이의 축제로 볼 수도 있죠. 그리고 그 이면에 다른 이야기가 내포되어 있기도 하고요. 프로이트는 인간의 모든 활동이 섹스를 유도한다고도 했죠. 인물과 각 상황에 대한 저의 이해는 조금씩 다르겠지만, 섹스는 인물의 내면에 깊이 들어가 볼 수 있는 좋은 수단이 될 수 있습니다.

– 2007년 아르헨티나 일간지 〈라 나시온〉 인터뷰 중에서

《국경의 남쪽, 태양의 서쪽》이 독일에서 《위험한 정부》라는 제목으로 번역 출간되었을 때, 번역 과정에서의 자극적인 섹스 묘사가 이슈가 되어, 문학 평론가 라이히라니츠키가 진행하는 문학 비평 프로그램에서도 다루어진 적이 있다.

문학 평론가로서 라이히라니츠키를 좋아해요. 그의 자서전이 일본에도 번역되었는데 매우 흥미롭게 읽었습니다. 그런 의미 있는 논쟁을 하는 프로그램이 있다는 것에 놀라기도 했었죠.

그러나 제가 섹스 묘사를 하는 것은 꼭 필요하기 때문에 실용적으로 사용하는 것입니다. 그런 의도가 이상하게 포르노로 변질되어 버렸습니다. 전 수줍음을 많이 타는 사람이에요. 그런 장면을 묘사할 때는 부끄럽습니다. 하지만 그럴수록 쉽게 가야 한다고 생각합니다. 저에게 있어 섹스는 다른 곳(세계)으로 갈 수 있는 중요한 길 혹은 방법입니다.

- 2001년 독일 주간지 〈디 차이트〉 인터뷰 중에서

《1Q84》에서는 특히 섹스와 폭력을 묘사한 장면이 많이 나온다. 이에 대해 하루키는 어떻게 설명하고 있을까?

덴고와 아오마메는 서로가 만나기를 갈망하고 있습니다. 그러나 서로 찾기 쉽지 않죠. 그래서 동시에 그들은 다른 많은 것들을 찾기도 하는데 섹스는 그중 하나입니다. 사실 전 섹스 장면이나 폭력 묘사를 좋아하지 않아요. 그런데 왜 섹스와 폭력이냐고요? 그런 무분별함은 사회 시스템에서 허용되지 않기 때문에, 사람들은 자신의 본능에 굴복하지 않도록 제어할 수 있습니다. 제가 그런 묘사를 하면서 바라는 것은 모두가 스스로 제어할 수 있다는 개인 의식의 중요성입니다.

《태엽 감는 새》에서는 나이프로 사람의 피부를 벗겨내는 장면이 있습니다. 해외 번역 출간 당시 현지 번역가들이 그 구절의 번역을 꺼려하기도 했죠. 제가 이런 장면에 집착하는 건 아니지만, 중요한 건 그런 일들이 실제로 존재했다는 겁니다.

- 2011년 프랑스 주간지 〈르 푸앙〉 인터뷰 중에서

하루키가 사랑하는 러닝 코스

교토(2)
교토 시민들의 휴식처 : 가모가와 강

히로가와라에서 버스를 타고 2시간 정도를 달려 교토 시내로 돌아오니 오후 3시가 넘은 시간이었다. 그 길로 하루키가 가장 사랑하는 러닝 코스인 가모가와鴨川 강을 따라 산조三条 역까지 걸었다. 반려견과 산책하는 사람, 유치원생 아이들과 야구 연습을 하는 청년 선생님, 남자아이들 무리 중에 있던 유일한 여자아이의 모습을 연신 카메라에 담는 엄마, 연인들, 섹스폰 연습을 하는 남학생, 기타 코드를 연습하는 일본인과 일본말을 매우 잘하는 외국인, 기타를 치며 노래 연습을 하는 여학생, 그림을 그리고 있는 남녀 학생들을 지나쳤다. 어느새 해가 지고 가모가와 강둑에 가로등이 켜졌다. 어제 밤에도 잠시 들렀던 곳이지만 가모가와 강변의 고즈넉하고 아름다운 풍경에 빠져들었다.

불과 4시간 전만 해도 고요한 아미료의 숲 속에 있었는데, 다시 가모가와 강가로 나오니 활기를 되찾아 무릎이 아파올 때까지 걷고 또 걸었다. 하지만 역시 교토 여행은 자전거를 빌려서 다니는 것이 가장 좋은 여행 방법이 아닐까 싶다. 시내 곳곳에 저렴하게 자전거를 빌릴 수 있는 곳이 많으니 걸어야 할 일이 많으면 다리에 무리가 오기 전에 미리 자전거를 빌리는 것이 좋겠다.

하루키가 가장 좋아하는 러닝 코스
가모가와 강

가모가와 鴨川는 교토를 Y 자 모양으로 가르며 31km를 흐르는 강이다. 산에서 내려오는 두 물 줄기가 만나 교토 시내를 동서로 구분해 준다. 따라서 강을 따라 달리는 최고의 러닝 코스가 자연스럽게 생겨났다. 하루키는 교토에 갈 일이 있을 때마다 숙소에서부터 가모가와를 따라 달려, 중간중간에 있는 다리 이름까지 다 외울 정도라고 했다.

여행 초반에 탈이 난 무릎만 아니었으면 나도 하루키처럼 가모가와를 달려 보고 싶었으나 차분히 걸어 보는 걸로 만족하기로 했다. 가모가와는 아침부터 저녁까지 교토 시민과 많은 관광객들의 휴식처로 그 역할을 톡톡히 해내고 있었다.

가모가와 강 鴨川
주소 京都府京都市左京区

가모가와 강을 따라 펼쳐지는 좌우의 공원에는 잔디에 앉아서 도시락을 먹는 사람들, 자전거를 타거나 강아지를 산책시키는 사람들, 데이트 중인 연인들, 이어폰을 끼고 그들을 앞질러 가는 수많은 러너들이 조화를 이뤄 가모가와의 풍경을 만들어 낸다. 조금만 더 더워지면 강물에 발을 담그는 사람들도 많을 것 같았다. 수질까지 1급수라 하니 더 많은 사랑을 받고 있는 것 같다.

가모가와의 가모鴨는 '오리 압' 자를 써서 직역하면 오리 강이 된다. 실제로 가모가와 강의 수면 위로 오리들이 무리지어 다니며 세계 각국의 사람들을 구경하고 있었다. 다음에 이곳을 찾을 때는 최상의 컨디션으로 시원하게 달려 보리라 마음 먹었다.

하루키가 극찬한
난젠지 두부 요리

저녁으로 하루키가 각종 에세이 글에서 언급하며 극찬한 교토의 난젠지 두부 요리를 맛보기 위해, 전통 있는 선종 사원인 난젠지 南禅寺 앞에 위치한 두부 요리집 준세이 順正를 찾아갔다.

하루키가 다녀온 곳의 가게 이름이나 위치에 대해서는 자세한 언급을 찾아볼 수 없었지만 하루키의 고향집이 두부로 유명한 난젠지 근처라 고향에 갈 때마다 근처의 두부 가게에서 뜨거운 두부를 즐겨 먹는다는 글을 보고 사전에 정해 둔 곳이었다.

준세이는 난젠지 입구 왼쪽에 위치해 있다. 준세이의 정식 코스 요리는 5,000~7,000엔 정도로 비싼 가격이지만 단품 요리는 1,000엔 내외로 저렴하게 맛볼 수 있다.

탕두부와 덮밥이 함께 나오는 1,500엔짜리 세트 메뉴를 먹어 보기로 하고 에비스 병맥주와 함께 주문했다. 과연 교토의 난젠지 두부는 깔끔하고 부드러운 맛이 맥주와도 잘 어울렸다. 하루키가 극찬한 요리를 본고장에서 맛보고 있자니, 여행의 피로가 싹 가시는 듯했다.

준세이 順正
주소 京都市左京区南禅寺草川町60
위치 게아게(蹴上) 역에서 도보 5분
시간 11:00~21:30
전화 075-761-2311

난젠지 順正
주소 京都府京都市左京区南禅寺福地町
전화 075-771-0365
홈페이지 nanzen.com

Travel Note

식사를 맛있게 하고 드럭 스토어에 들러 소염진통제를 사들고는 신사가 보인다는 콘셉트 스타벅스에 들러 오늘의 일정을 정리했다. 따뜻한 카페라테가 목을 넘겨 가슴으로 들어오니 피로가 풀리는 것 같았다. 금요일인지 모를 만큼 여유 있는 하루를 즐겼다. 이래도 될까 싶을 정도의 편안함이었다.

교토는 정말 매력이 넘치는 곳이다. 하루키가 가장 사랑하는 러닝 코스가 있고, 맛있는 두부 요리가 있고, 연인들이 있고, 자유로움이 묻어 있는 편안함도 있다. 교토는 가을이 가장 좋다고도 하는데, 과연 가을의 교토는 어떨지 궁금해졌다.

숙소로 돌아와 따뜻한 물로 샤워를 하고 무릎 냉찜질을 하고 소염진통제까지 바른 다음, 맥주를 한 캔 마시고 잠자리에 들었다.

교토와 달리기에 관한 인터뷰

하루키는 30세에 전업 작가가 되기로 결심하면서, 담배를 끊고 술을 줄이고 달리기를 시작했다. 그렇게 시작된 달리기는 현재 65세의 나이에도 하루키가 즐겨하는 운동이다. 하루키가 가장 좋아하는 달리기 코스는 어디일까.

거리로만 따지면 보스턴이 최고입니다. 찰스 강변의 하버드 대학 근처를 달리곤 하는데, 참 좋은 코스지요. 겨울에는 도로가 얼어 버려서 달릴 수 없지만요. 그리고 교토에 가면 항상 가모가와 강을 따라 달리곤 합니다. 오이케(御池) 근처에서 가미가모(上賀茂)까지 다리를 몇 개나 지나 달리고 돌아오면 약 10km가 됩니다. 그곳도 참 좋지요.

또 하나는 뉴욕의 허드슨 강이에요. 소호에서 조지워싱턴 브리지의 둘레까지 러너를 위한 코스를 뉴욕 시장이 만들었습니다. 신호도 없고, 화장실과 물 마시는 장소도 곳곳에 있어 좋답니다. 물론 뉴욕 하면 센트럴 파크도 좋지만, 최근에는 소호 근처에 머물며 허드슨 강변을 달리는 것이 즐겁습니다.

― 2011년 일본 잡지 〈넘버〉 인터뷰 중에서

하루키가 '작가'라는 직업을 위해 달리기를 결심하게 된 배경에 대해 구체적으로 들어 보자.

작가가 되기 전에는 도쿄의 고쿠분지라는 곳에서 재즈 바를 운영했어요. 그것은 매일 늦은 밤까지 탁한 공기 속에서 일해야 하는 것을 의미하죠. 처음 전업 작가로서의 가능성을 보고 그러기로 결심했을 때, '앞으로는 절대로 건강에 해가 되는 일은 하지 않을거야'라고 결심하면서 매우 기대에 차 있었죠.

매일 아침 5시에 일어나, 작업을 하고 나서 달리기를 하러 나갑니다. 정말 제 인생을 리프레시(refresh)하는 기분이었어요. 그렇게 달리는 것에 흠뻑 빠지게 되었죠. 매일 달리는 것을 습관으로 만드는 것이 특별하게 어려운 일이 아니라는 것도 알게 되었죠.

필요한 것은 언제 어디서든 운동화 한 켤레뿐이에요. 함께 할 누군가를 굳이 찾지 않아도 되죠. 그래서 저같이 개인적이고 독립적인 사람, 혹은 그런 작업을 하는 사람들에게 적합한 운동이라는 것도 알게 되었답니다.

- 2005년 미국 잡지 〈러너스 월드〉 인터뷰 중에서

달릴 때는 어떤 장르의 음악을 듣는 것이 더 효과가 있을까. 하루키가 말하는 달릴 때 듣기 좋은 음악을 참고해서 트랙으로 나가 보자.

달리는 동안은 보통 록 음악을 듣습니다. 리듬이 단순할수록 뛰면서 듣기에 더 좋다는 것을 알게 되었거든요. 예를 들어, 크리던스 클리어워터 리바이벌이나 존 멜렌캠프나 비치보이스 같은 음악들이요. 이런 음악들을 테이프에 녹음을 해서 달리기를 하는 동안 듣습니다.

한 번은 홋카이도에서 100km 울트라 마라톤 대회에 참가한 적이 있는데, 모차르트의 '마적'을 시작부터 끝까지 들으려고 시도한 적이 있었어요. 하지만 달리는 중간에 포기하고 말았죠. 이유는 간단했습니다. 저를 너무 지치게 만들었어요. 그때 이후로 오페라는 달리면서 듣기에는 적합하지 않은 장르라고 깨달았죠.

- 2005년 미국 잡지 〈러너스 월드〉 인터뷰 중에서

| 달리기를 말할 때 |
| 내가 하고 싶은 이야기 |

　　달리기에 대해서 자세히 쓴 2007년의 에세이집 《달리기를 말할 때 내가 하고 싶은 이야기》를 읽어 보면 하루키의 글 쓰는 작업과 달리기의 관계에 대해 보다 잘 이해할 수 있다. 이 책은 유럽, 미국 생활 시절을 포함한 하루키의 달리기 경험에 대한 에피소드가 많이 담겨 있다.

하루키는 여전히 풀마라톤에 참가하고 있는데, 가장 최근 그의 공식적인 풀마라톤 기록은 2013년 12월 호놀룰루 마라톤으로 5시간 17분 32초다. 그가 소설을 쓰고 있을 동안은 달리는 것도 멈추지 않을 것이다. 하루키의 달리기에 대한 신뢰감이 어느 정도인지 잡지 〈러너스 월드〉와의 인터뷰를 한 번 더 살펴 보자.

"소설가가 되기 위한 자질 중 가장 중요한 것은 상상력과 지적인 능력 그리고 집중력이라고 생각해요. 이런 능력을 최상의 상태로 계속 유지하기 위해서는 육체적인 강인함을 계속 유지해야 한다는 점을 잊어서는 안 됩니다. 육체적 강인함의 굳건한 기반이 없으면 계속해서 주어지는 복잡한 과업들을 해나갈 수 없어요. 이것이 제가 강하게 믿고 있는 점입니다. 제가 달리기를 계속 해 오지 않았다면, 제 글 쓰는 작업은 꽤나 달라졌을 거에요."

- 2005년 미국 잡지 〈러너스 월드〉 인터뷰 중에서

Hope

하루키 마라톤 대회 열기

언제가 될지 모르지만 나는 '하루키 마라톤 대회'를 열고 싶다. 거리는 5km, 10km 두 종목으로 하고 조금이라도 하루키와 관련된 복장이나 소품을 지참하면 무료 참여가 가능하다. '하루키 마라톤 대회'의 제1회 대회를 이곳 가모가와에서 열고 싶다. 하루키가 꼽은 일본에서 가장 좋은 러닝 코스를 하루키 팬들과 함께 달려 보고 싶은 소박한 이유에서다.

골인 지점에서는 하루키가 처음으로 CF 나레이션을 맡았던 삿포로 맥주가 제공될 예정이고, 하루키 모형 등신대를 설치해 기념 촬영도 할 생각이다.

2012년도 초에 하루키는 육상부 학생들의 열정과 땀을 응원하는 CF 나레이션을 써서, 그 수익을 도호쿠 대지진 피해 지역을 위해 기부했다. 청년 작가 시절 맥주 CF 출연 제의를 수없이 받았었다고 하는데, 중년을 훨씬 넘긴 시점에 비로소 나레이션이라는 방식을 통해 CF에 출연하게 된 것은 팬들 입장에서는 굉장히 흥미로운 일이었다.

어린 시절 아버지와의 추억

교토(3)
아버지를 따라 방문한 곳 : 겐주암

교토의 매력에 빠지는 데에는 그리 오랜 시간이 걸리지 않지만, 후유증을 극복하기 위해서는 많은 시간이 필요하다.

'파인딩 하루키' 여정을 시작하고 일본에서 처음 맞는 주말이다. 봄이고, 벚꽃이 만개해 있고, 무엇보다 교토이기 때문에 어느 정도 붐빌 것이라는 예상은 했지만 교토京都 역과 주요 관광지에는 그야말로 엄청난 인파가 모여들었다.

그리고 오늘은 내 생일이기도 하다.《해변의 카프카》에서 시코쿠로 가는 버스 안에서 생일을 맞이한 카프카 소년처럼 '파인딩 하루키' 여정 중에 나

또한 생일을 맞이했다. 패밀리 마트에서 생크림 쇼트 케이크를 골라 조촐하게 생일을 자축했다.

오늘의 주요 목적지는 하루키가 학창 시절 아버지를 따라 다녔던 '바쇼 암자'로, 정식 명칭은 겐주암幻住庵이다. 마쓰오 바쇼松尾芭蕉, 1644-1694는 일본의 하이쿠俳句, 짧은 시로 후대에 이름을 널리 알린 작가로, 전국을 유랑하다 1694년 오사카 근교에서 객사하기까지 아름답고 함축적인 작품을 많이 남겼다.
하루키는 당시 국어 교사였던 아버지가 학생들과 함께하는 주말 프로그램에 자신을 데리고 다녀서 겐주암에 몇 번 가 보았다고 잡지에서 말한 적이 있다. 겐주암은 바쇼가 긴 유랑 기간 중 4개월간 묵으며 주옥 같은 작품을 남긴 곳으로 유명하다.

비와코센을 타고
겐주암 찾아가기

겐주암은 교토의 동쪽에 인접해 있는 시가 현滋賀縣 오쓰 시大津市에 위치해 있다. 하루키가 한신칸에서 학창 시절을 보낼 때 아버지와 함께 다녔던 암자다.

교토京都 역에서 비와코센琵琶湖線을 타고 약 40분을 달리면 이시야마石山 역에 도착한다. 토요일의 교토 역은 그야말로 인산인해를 이루었다. 교토 역 2번 플랫폼에서 비와코센 급행 열차를 타고 이시야마 역에 내리면 바쇼의 흔적을 느낄 수 있는 동상과 그와 관련된 주변 관광 안내도를 볼 수 있다.

이시야마 역에서 남쪽 개찰구로 나가면 겐주암으로 갈 수 있는 버스 정류장이 나온다. 이시야마 역 1번 승강장에서 220엔을 내고 버스로(버스 번호는 30, 30a, 30b) 다섯 정거장을 가면 된다. 거리는 2.3km로 걸어가는 것도 나쁘지 않다. 일본의 마을 길은 어느 길을 걸어도 고즈넉하고 단아한 모습이 매력 있다.

버스는 오밀조밀 모여 있는 주택가를 지나고 육교를 지나 언덕으로 진입하더니 이내 겐주암 앞에 정차했다. 겐주암 정류장에는 조용한 동네의 고즈넉함이 물씬 풍겼다.

토요일 오전에 등산을 하는 어느 부자의 모습에 하루키와 아버지의 모습을 떠올려 보았다.

교토 역 京都駅 주소 京都市下京区東塩小路町901
이시야마 역 石山駅 주소 滋賀県大津市粟津町3-1

하루키가 아버지와 함께 찾은
겐주암 (바쇼 암자)

토요일 아침의 맑은 공기에 기분이 한결 좋아졌다. 인적은 거의 없었다. 버스 정류장에서 계단을 올라 신사의 입구로 향했다. 반대편 계단에는 자전거가 한 대 놓여 있고 신사 입구에서는 빗자루 소리가 들려왔다. 주민 아저씨가 자전거를 타고 와 세워 놓고 올라가는 계단을 빗자루로 한 칸 한 칸 쓸고 계셨다. 이 시간, 이곳에 어울리는 소리와 풍경이라는 생각이 들었다.

'실례합니다 しつれいします'라고 짧은 일본어로 인사를 하고 아저씨를 지나쳐 경내에 들어섰다. 입구에는 손 씻는 물이 있고 바로 본당이 있었다. 천천히 조용한 경내를 둘러보며 심신이 차분해지는 기분이 들었다. 새 소리가 바람에 움직이는 숲 소리와 잘 어우러졌다.

겐주암 幻住庵
주소 滋賀県大津市国分2-5
위치 이시야마 역 남쪽 출구에서 버스로 다섯 정거장(약 2.3km)
시간 09:30-16:30
휴관 월요일
지도 p.89

신사 입구 왼쪽으로 겐주암으로 올라가는 계단이 있고, 계단 바로 앞에는 마쓰오 바쇼 문학비가 설치되어 있다. 바쇼는 이곳에 4개월간 머물며 아름다운 하이쿠俳句 작품을 남겼다고 한다.

계단을 따라 올라가니 고요한 겐주암이 모습을 드러냈다. 국어 교사였던 아버지를 따라 다른 학생들과 함께 아버지가 설명해 주는 마쓰오 바쇼에 대해 들으면서 점심을 먹었을 어린 하루키의 모습을 상상해 보았다.

암자 안에서는 한 아저씨가 식사를 하고 계셨다. 수양 중인 듯한 모습이었는데 묵묵하게 식사를 하고 계신 모습을 보고 있자니 갑자기 허기가 느껴졌다.

겐주암에서 신사를 내려다보며 서 있는데 선선한 바람에 피리 소리가 실려 왔다. 소리가 나는 쪽을 살펴보니 신사 입구에서 계단을 쓸고 올라오던 아저씨였다. 멋진 선물을 받은 것 같아 잠시 눈을 감고 피리 소리에 귀를 기울였다.

Travel Note

신사에서 나와 버스 정류장 벤치에 앉아 야채 샌드위치와 녹차를 먹으면서 역으로 돌아가는 버스를 기다렸다.

샌드위치는 이시야마 역 2층 광장에 있는 에스타시온 카페(Estacion Cafe)에서 고른 햄에그 샌드위치였는데 맛이 아주 좋았다. 이 카페에서 샌드위치를 사면서 선글라스를 깜빡하고 두고 왔는데, 겐주암에 올랐다 다시 가 보니 선글라스를 잘 보관해 두고 계셨다.

샌드위치를 한 조각 남겨 두었을 때 버스가 도착해, 얼른 남은 조각을 입에 넣고 버스에 올랐다. 나를 이곳까지 데려다 주었던 버스의 청년 운전사였다.

반갑게 눈인사를 하고 자리에 앉아 창문을 열었다. 바람이 시원했다. 여정을 잠시 중단하고 평상에 누워 맥주를 마시고 싶을 만큼.

영화 노르웨이의 숲의 촬영지 1

효고 현 (1)
와타나베의 울부짖음 : 이마고 해안

벚꽃과 가모가와 강이 멋진 교토에서의 일정을 마무리하고 시코쿠로 넘어가기 전 찾아간 곳은, 하루키의 첫 번째 리얼리즘 소설이었던 1987년작《노르웨이의 숲》의 동명 영화〈노르웨이의 숲〉의 촬영지였다. 영화〈노르웨이의 숲〉은〈씨클로〉Cyclo, 1995 로 유명한 트란 안 홍Tran Anh Hung 감독이 2011년에 연출한 작품으로 베니스 영화제 경쟁 부문에 진출하기도 했다.

효고 현에는〈노르웨이의 숲〉의 촬영지 두 곳이 있는데, 한 곳은 극 중 와타나베가 나오코와 레이코 여사의 죽음을 비롯해 많은 상실된 것들에 절규하는 마지막 장면을 촬영한 효고 현 최북단의 이마고今子浦 해안이다.

또 한 곳은 나오코가 입원한 교토의 아미료 요양원에서 와타나베와 나오코가 산책하는 장면을 촬영한 효고 현 한가운데의 도노미네 고원砥峰高原이다.

소설 속 아미료와 영화 속 아미료의 장소가 그리 멀지 않은 곳에 위치하고 있어서 두 곳을 모두 다녀올 수 있었다. 교토에서의 첫날 아미료의 소설 속 배경이 된 곳을 다녀오고, 다시 영화의 배경이 된 장소를 찾아가니 같은 이야기의 서로 다른 배경 공간을 경험하는 묘한 재미가 있었다.

영화 촬영 시에 하루키의 고향에서 촬영이 진행되면서 이슈가 되기도 하였는데, 덕분에 이렇게 다른 이유로는 가 보기 힘들었을 효고 현의 한가운데와 최북단까지 기차 여행을 할 수 있게 되었다. 이번 여정은 하루키 테마 여행의 고독한 맛을 한층 더 느껴 볼 수 있는 멋진 경험이었다.

〈노르웨이의 숲(ノルウェイの森)〉, 2011, 일본

교토 역에서
가스미 역 찾아가기

오사카大阪에서는 가스미香住 역까지 가는 특급 열차가 있지만, 교토京都에서 가스미 역으로 바로 가는 특급 열차가 없어 주요 역에서 두 번 환승을 해야 한다. 환승 시간까지 감안한다면 총 2시간 50분 정도가 소요되는 일정이다.

소노베 역 園部駅
주소 京都府南丹市園部町小山東町溝辺

점심은 기차 안에서 해결할 요량으로 교토 역에서 에키벤(역 안에서 파는 도시락)을 골랐다. 다양한 종류와 가격대의 에키벤 사이에서 무얼 골라야 할지 행복한 고민 속에 오니기리 세 개와 야채 조림, 장아찌 등이 예쁘게 담겨 있는 천 엔짜리 도시락으로 결정했다. 기린麒麟에서 나온 봄 한정판 사쿠라 맥주와 밀크티도 하나 골라 기차에 올랐다.

교토 역에서 JR 산인혼센山陰本線을 타고 첫 번째 환승역인 소노베園部 역까지는 약 40분이 소요된다. 날이 다소 흐렸지만, 간간이 비치는 햇살이 더 반갑게 느껴져 기분이 좋았다. 슬슬 배가 고파질 때쯤 소노베 역에 도착했다. 환승 시간까지는 20분의 시간이 주어졌다. 도시락을 먹기에 충분한 시간이었다.

20분 안에 맥주와 함께 도시락을 맛있게 먹고는 이미 도착해 있는 열차에 다시 몸을 옮겨 실었다.

소노베 역에서 다음 환승역인 기노사키온센 城崎温泉 역까지는 1시간 10분 정도 소요된다. 환승을 하니 기차 여행을 다시 시작하는 기분을 느낄 수 있었다. 기노사키온센 역에서 다시 보통 열차로 갈아타고 30분을 더 가니 목적지인 가스미 역에 도착했다.

가스미 역은 주말을 맞아 놀러 왔던 가족과 연인들이 하루를 묵고 다시 일상으로 복귀하기 위해 집으로 돌아갈 채비를 하고 있었다. 도시락을 먹으며 마셨던 사쿠라 맥주의 취기는 거의 사라져 가고 있었다.

기노사키온센 역 城崎温泉駅
주소 兵庫県豊岡市城崎町今津字稗田 283-1

가스미 역에서
이마고 해안 찾아가기

가스미 역에 도착 전 열차 안에서 영화 〈노르웨이의 숲〉을 다시 보았다. 영화의 첫 장면에는 와타나베와 나오코, 기즈키가 서로 아이스크림을 먹으며 장난을 치는 모습이 나오고, 마지막 장면에서는 와타나베가 해안가에서 절규하는 모습이 담겨 있다. 영화는 호평을 받지 못했지만 와타나베의 연기가 좋았다는 것에는 이견이 없을 것 같다.

영화의 마지막 장면을 촬영한 곳은 이마고今子浦라는 해안가로 가스미 역에서 약 4km 정도 떨어져 있다. 역 바로 옆에 관광 센터가 있어 이마고 해안으로 가는 교통편을 물어보니 다행히 운행하는 버스가 있었다. 하지만 하루에 4대밖에 없는 버스는 시간이 한참 남은 5시 30분에나 올 예정이었다.

아쉽게도 버스로는 시간을 맞추기 어려울 것 같아 역 앞에서 택시를 타기로 했다. 다행히 역 앞에 정차한 택시가 몇 대 있었다.

가스미 역 香住駅
주소 兵庫県美方郡香美町香住区七日市字クゴ22

가스미 관광 센터
홈페이지 kasumi-kanko.com

와타나베가 울부짖었던 장소
이마고 해안

택시 기사에게 행선지를 말하고 나서 대화가 더 진행되지 않자 택시 기사는 라디오를 틀어 주었다. 팝송이 끝나자 DJ가 발랄한 목소리로 뮤지션에 관해 이야기했다. 비가 더 떨어지기 시작하고, DJ의 목소리에서는 그리운 무언가가 묻어 나왔다.

택시가 10분 정도 달려 도착한 이마고 해안은 역시 사진으로 보고 상상했던 모습 그대로였다. 개구리 모양의 바위가 있고, 한 가족이 낚시를 즐기고 있었다. 우연찮게도 비가 내리고 날이 흐린 것이 영화 속 와타나베의 심정을 표현해 주는 것 같아 묘한 기분이 들었다.

빗줄기는 이내 우산을 들어야 할 정도로 굵어졌다. 해안에는 기암괴석이 아름답게 놓여 있고, 간간이 파도도 일었다. 개구리 모양의 바위는 다음 도약을 위해 잔뜩 웅크리고 있었다.

여름에는 주변에 캠핑장도 운영되어 가족 나들이 장소로도 유명하다고 한다. 다시 이곳을 찾을 기회가 있다면 차량을 렌트해서 캠핑을 해 보고 싶다는 생각이 들었다.

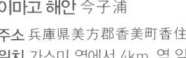

이마고 해안 今子浦
주소 兵庫県美方郡香美町香住区境
위치 가스미 역에서 4km, 역 앞 택시로 10분
버스 가스미 역 앞에서 하루 4대 운행
지도 p. 88

가스미는 게 요리로도 유명한데, 가스미 역부터 마을에는 온통 게 모양 장식물이 가득했다. 게 요리를 맛보리란 기대는 일찌감치 하지 않았지만, 역시 다음을 기약하며 아쉬움을 달랬다.

비가 더 굵어져 더 이상 카메라를 들고 있기가 힘들어졌다. 날도 어두워지기 시작했다. 올 때 타고 왔던 택시 기사에게 받은 명함으로 전화를 걸어 다시 택시를 타고 가스미 역으로 돌아왔다. 택시 유리창에 맺힌 빗방울 사이로 보이는 이마고 해안과 택시 안의 팝송이 꽤나 잘 어울렸다.

Travel Note

가스미 역으로 돌아와 오늘의 숙소 예정지인 히메지(姬路) 역까지의 여정을 구글 맵으로 검색해 보았더니, 20분 뒤 출발하는 특급 열차가 있고 2시간을 넘게 가야 했다. 열차는 히메지를 지나 오사카까지 가는 기차였다. 일본에서 구글맵이 알려 주는 교통 정보는 매우 정확해 파인딩 하루키 여정 내내 매우 편리하게 이용했다. 기차는 해안가를 조금 돌더니 올 때 마지막으로 갈아탔던 기노사키온센 역을 기점으로 효고 현 남쪽으로 내달리기 시작했다.

휴일의 마지막 일요일 저녁, 직장으로 혹은 학교에 가기 위해 다시 가족들과 헤어지는 효고 현 내륙 젊은 친구들의 아쉬움 가득한 눈짓과 몸짓에 나도 그만 집이 그리워졌다. 와타나베가 영화 속 마지막 장면에서 미도리에게 전화를 걸어 우는 모습이 내내 생각났다.

영화 노르웨이의 숲의 촬영지 2

효고 현(2)
아미료 요양원의 촬영지 : 도노미네 고원

〈노르웨이의 숲〉 촬영지로 두 번째로 찾아간 곳은 나오코가 도쿄 생활을 정리하고 홀연히 들어간 교토의 요양원 아미료다. 아미료는 소설에서는 교토라고 구체적으로 묘사되었지만, 영화의 촬영지로는 효고 현의 도노미네 고원延峰高原이 선택되었다.
두 곳에 모두 가 본 느낌을 얘기하자면, 실제 배경인 히로가와라는 도로가 좁고 산 속이라 영화 촬영 장소로는 다소 어려움이 있지 않을까 하는 생각이 들었다.

어제 저녁 가스미 해안에서 오사카행 특급 열차를

타고 히메지로 오는 도중, 오늘 가야 할 데라마에(寺前) 역을 지나왔다. 그 길을 이번에는 보통 열차를 타고 45분 정도 되돌아가는 일정이다. 히메지 역의 도요코인 호텔에서 숙박을 하고 호텔 조식 서비스를 이용하고, 여유롭게 9시 30분경에 열차를 타고 데라마에 역에 도착했다.

오늘의 여정은 갑작스럽게 렌트카를 이용하게 되어서 외국인 운전면허증을 처음 사용하는 날이기도 했다. 사실 시코쿠와 홋카이도에서 렌트카를 이용하려고 준비해 두긴 했지만, 예정에 없었던 효고 현에서 가장 먼저 사용하게 되었다.

Tip

국제 운전 면허증 발급 방법

국제 운전 면허증은 전국 운전 면허 시험장과 지역별 지정된 경찰서로 여권, 증명 사진 3장, 운전 면허증만 가지고 가면, 10분 이내로 발급 받을 수 있다. 수수료는 7,000원이고, 1년간 유효하다.

영화 소개가 가득한
데라마에 역

데라마에寺前 역에 내리자 영화, 드라마 촬영지에 대한 홍보와 관광 안내소가 잘 마련되어 있었다. 관광 안내소로 들어가 고원으로 가는 버스를 물어보았는데, 지금은 운행하는 버스가 없고 고원이 녹색으로 변하는 성수기 시점에서 가을 갈대밭이 될 때까지, 6월~10월에만 운행한다고 한다. 내가 방문했을 때는 3월 말이었으니 아직 녹원을 이루기 전이라 따로 운행하는 버스가 없었다.

안내소 직원에게 '파인딩 하루키' 여정에 대해 설명을 드리고 렌트카를 이용해서라도 꼭 가 보고 싶다고 요청을 했다. 그렇게 해서 역에서 가장 가까운 렌트카를 부르고 차가 오는 시간 동안 관광 안내소를 둘러보았다.

관광 안내소 안에는 4명의 직원이 있었는데, 이런 비수기에 그것도 한국에서 홀로 찾아온 관광객 때문에 적잖이 당황해하고 계셨다. 안내소 내부에는 영화 〈노르웨이의 숲〉과 관련된 스틸 컷이 액자로 전시되어 있고, 영화 클립도 텔레비전으로 계속 방영되고 있었다. 영화가 개봉

데라마에 역 관광 안내소
주소 兵庫県 神崎郡 神河町 鍛冶字八重向142-2
지도 p.88

한 2010년부터 관광객이 꽤나 많이 찾아온 듯했다. 요양원 장면에 등장하는 와타나베, 레이코, 나오코 세 인물의 사인도 진열되어 있었다. 방문 기념으로 효고 현 가미카와 군神崎郡의 마스코트이자 핑크색의 큰 귀를 가진 토끼 '카민' 배지를 하나 사서 가방에 달았다.

그때 렌트카가 도착했다. 일본에서 처음 타 보는 렌트카라 다소 긴장이 되었다. 일본의 차량은 운전석 방향이 한국과는 반대쪽으로, 차선 진행도 한국과 반대다. 렌트카에 대한 설명을 듣고 출발하려는데, 때마침 관광 안내소의 소장님이 돌아오셨다.
'파인딩 하루키' 여정 소개를 하니 무척 반가워하셨다. 도노미네 고원砥峰高原까지 어떻게 찾아가느냐고 물어보셔서 구글맵을 이용해서 가 보겠다고 했더니, 초행길은 힘들 거라며 본인의 차를 따라오라고 하셨다. 소장님의 친절을 거절하지 않았다. 사실 좀 불안했기 때문이다.
도노미네 고원은 데라마에 역에서도 20km를 더 가야 나오는 고지대였다. 소장님을 따라가 보니 역시 혼자 찾아가기에는 무리였을 것 같다는 생각이 들었다. 이런 친절이 있어 여행이 더욱 즐거워진다.

아미료 요양원의 촬영지
도노미네 고원

차로 20여 분을 달려 〈노르웨이의 숲〉의 촬영지 도노미네 고원에 도착했다. 댐도 지나고 터널도 하나 지나야 나오는 고지대였다. 혼자는 절대 못 찾아 올 뻔했다.

소장님이 미리 말씀하신 것처럼 내가 찾아간 때에 고원은 새카맣게 타 버리고 아무것도 없었다. 영화 속에서 보았던 푸른 녹원은 신기루처럼 날아가 버렸다. 이 느낌을 하루키가 고베를 걸으면서 산을 무너뜨려 바다를 메워 버린 해안선을 보며 느꼈던 상실감에 비할 수 있지 않을까 하는 생각도 들었다. 그래도 소장님의 배려로 이곳까지 편하게 찾아왔다는 것에 만족하며 연신 카메라 셔터를 눌렀다.

이곳에서는 매년 3월 말에 고원의 풀을 태우는 연례 행사가 열린다고 하는데 아쉽게도 그 행사가 바로 지난 주였다. 방송국에서 취재를 올 정도로 효고 현 가미카와 시의 명물이라고 한다.

고원에도 전시장이 마련되어 있었는데, 문히 닫혀 있는 시기였지만 소장님의 배려로 들어가 볼 수 있었다.

도노미네 고원 砥峰高原
주소 兵庫県 神崎郡 神河町川上
위치 데라마에 역에서 약 20km, 차량으로 약 20분
(렌트카가 택시보다 저렴하다)
버스 성수기(6~10월)에만 셔틀 형식으로 운행
지도 p. 88

책을 들고 응원해 주신 소장님

Travel Note

히메지로 돌아와 역 안에서 판매하는 주먹밥으로 간단히 점심을 먹고, 히메지 성을 구경했다. 히메지 성은 2016년까지 보수 공사를 하고 있었는데 그 덕에 내부 보수 공사 현장을 직접 살펴볼 수 있었다. 히메지 성 안은 그야말로 벚꽃이 만발했다. 히메지 전망대에서 다음 일정지인 시코쿠를 바라보면서 잠시 카프카 소년이 되어 보았다.

히메지에서 ≪해변의 카프카≫의 도시 시코쿠(四国)로 넘어가기 위해 중간역인 오카야마 역까지 신칸센(新幹線)을 타기로 했다. 도쿄에서 출발한 신칸센 히카리호를 타고 오카야마 역까지 가서, 오카야마 역에서 시코쿠의 다카마쓰로 가는 쾌속 열차 마린라이너로 갈아타는 여정이다. 시코쿠에서는 우동 순례를 예정하고 있기에 더욱 다음 여정이 기다려졌다.

> 하루키 인터뷰

현실과 비현실이란?

하루키의 작품 구조는 기본적으로 이편과 저편 혹은 현실과 비현실의 두 세계가 공존한다. 이 구조가 그대로 드러나기도 하고, 많은 상징과 비유를 통해서 나타나기도 하는데 이런 표현 방식에 대한 하루키의 이야기를 들어 보면, 작품을 이해하는 데 많은 도움이 된다.

직접적으로 의도한 채 낯설고 비현실적인 요소들을 이야기 속에 집어넣으려고 하지는 않아요. 다만, 지극히 현실적인 것들을 묘사하고, 스스로 좀 더 현실 세계를 묘사하려고 노력합니다. 그런데 현실을 묘사하면 할수록 작품 속에서는 오히려 비현실적 성향이 짙어져 그것이 글로써 나타나게 되는 것 같아요. 다르게 얘기해 보면 비현실적인 렌즈(눈)로 보면 세계는 더 현실처럼 보이게 되는 것이죠. 이런 종류의 일들이 제가 소설을 쓰면서 자주 발생하곤 합니다.

매직 리얼리즘 작가로 불리는 가르시아 마르케스에 대한 그의 생각을 보면 좀 더 이해하기 쉽다.

'매직 리얼리즘'이란 말을 사용하던 때가 있었어요. 그러나 전 가르시아 마르케스(85세, 콜롬비아, 1982년 노벨 문학상 수상) 역시 그 스스로 하고 싶었던 얘기는 단지 그에게 있어서 '현실' 그 자체였을 것이라고 생각해요. 아마 보통의 평균적인 독자들과 비평가들에게는 그의 소설이 마법 같은 것으로 간주되었을 겁니다. 저의 소설도 독자들에게 마찬가지일 것 같아요.

* 매직 리얼리즘: 현실 세계에 적용하기에는 인과 법칙이 맞지 않는 문학적인 기법.

― 2011년 아마존 닷컴 인터뷰 중에서

혼돈의 현대 사회에 대한 하루키식 사고 방식을 알면, 그가 왜 비현실적인 세계를 차용해 독자들을 자신의 상상의 세계로 끌어들이려는지 알 수 있다.

지금 우리가 실제로 살고 있는 현실을 'Reality A'라고 부르고, 9.11과 같은 사건들이 일어나지 않은 세계를 'Reality B'라고 명명해 보겠습니다. 그러니까 'Reality B'의 세계는 'Reality A'의 세계보다 더 합리적이고, 더 이성적인 세계라는 것에는 누구나 동의할 것입니다.

다른 용어로 표현하자면, 우리가 지금 살고 있는 세계는 비현실의 세계보다 '더 낮은 레벨'의 현실 세계인 것입니다. 이런 사실을 '혼돈'이 아니면 무엇이라 표현할 수 있을까요? '혼돈은 애초에 거기에 없다'라고 부정할 것이 아니라 천천히 혼란을 인정하고 수용하며, 근본적으로 자리 잡고 있는 요소를 거부할 것이 아니라 '실제 사실'에 접근하는 것이 해결책이 될 수 있습니다.

작가로서 하루키는 독자들에게 어떤 존재가 되고 싶은 걸까?

작가는 독자의 마음과 정신의 희망에 가득찬 겸손한 조종사로서 좋은 기운을 가질 수밖에 없고, 그래야 합니다. 세상은 여러 시행 착오를 거쳐 새로운 형태의 신뢰를 주고 다시 앞으로 나아갑니다. 결국 이 세계와 이야기는 이미 여러 세기의 문턱을 넘어오며 현재에 이르기까지 많은 이정표를 통과하며 해결책을 제안해 왔고, 앞으로도 계속될 것이라고 생각합니다.

– 2010년 〈뉴욕타임스〉 기고 글 '혼돈의 세계에서 작가의 역할' 중에서

Finding Haruki
교토 & 효고 현
1일 추천 코스

교토와 효고 현의 파인딩 하루키 여정은 외곽 지역이 많아 하루에 한 곳을 다녀오는 코스가 적절하다.

❶ 교토

교토에는 《노르웨이의 숲》에서 나오코가 요양하고 있는 아미료 마을로 묘사되고 있는 장소가 있다. 여유 있게 다녀 온 후, 오후부터 저녁까지는 교토 시내의 관광 명소를 둘러보고 두부 요리를 먹거나 카페를 찾아 쉬는 것도 좋다.

오전 — **오후**

히로가와라
p.98

《노르웨이의 숲》에서 나오코가 요양하고 있었던 아미료 마을

가모가와 강
p.110

하루키가 가장 사랑하는 러닝 코스

西日本有数のススキの大草原
砥峰高原へようこそ!

❷ 효고 현

효고 현에는 영화 〈노르웨이의 숲〉에서 와타나베가 울부짖는 장면을 촬영한 이마고 해안과 나오코가 요양하고 있었던 아미료 마을에서 와타나베와 나오코가 산책하는 장면을 찍은 도노미네 고원이 있다.

오전 — 이마고 해안 p.129
영화 속에서 와타나베가 울부짖었던 장소

오후 — 도노미네 고원 p.136
영화 〈노르웨이의 숲〉에 등장한 아미료 요양원에서의 산책 장소

Part 3

시코쿠 우동 여행을 떠난 하루키

효고 현을 뒤로하고 히메지에서 신칸센 히카리ひかり호를 타고 오카야마岡山駅로 갔다. 쾌속 열차인 마린라이너マリンライナー에 올라 세토 대교를 지나고 시코쿠의 다카마쓰高松로 들어가는 여정이다. 카프카 소년이 지나갔던 세토 대교瀬戸大橋의 석양은 왠지 모를 비장함을 품고 있는 듯했다. 흔들리는 마린라이너 안에서 모두들 한없이 차창 밖을 바라보았다.

《해변의 카프카》에서 호시노 청년은 정치인들이 쓸데없이 큰 다리를 두 개세토 대교(瀬戸大橋)와 아카시 해협 대교(明石海峡大橋)나 만들어 놨다며 혀를 찼지만, 거대한 구조물 위에서 대자연을 감상하는 일은 상당히 멋진 일이다.

다카마쓰 역에 도착해서 나카타 노인, 호시노 청년 그리고 카프카 소년이 그랬듯 역 앞의 우동집에서 시코쿠에서의 첫 식사를 했다. 역과 접한 건물에 있는 연락선連絡船이라는 우동집에서 320엔에 맛있는 우동을 먹을 수 있었다. 뜨거운 국물까지 단번에 후루룩 넘긴 후 일찌감치 숙소로 들어가 짐을 풀었다.

해가 진 다카마쓰 시내는 조용했다. 어둠은 유난히 빨리 찾아오는 듯했다. 기차를 같이 타고 온 외국인들이 있었지만 이내 각자의 목적지로 뿔뿔이 흩어져 버리고 왠지 모를 외로움이 찾아왔다. 하루키가 이곳의 묘한 기운을 감지해 《해변의 카프카》를 집필한 것도 어쩌면 당연한 일이 아닐까 하는 생각이 들었다.

시코쿠에서 3일간 묵어야 할 치선 인 다카마쓰 호텔チサン イン 高松은 금연실임에도 담배 냄새가 났다. 시설도 조금 낡아 쾌적하지는 않았지만 금세 잠이 들어 한 번도 깨지 않고 푹 잘 수 있었다.

1. 처음 탄 신칸센, 히메지에서 오카야마로 이동
2. 나카타 노이도 거쳐간 오카야마 역
3. 오카야마 역에서 다카마쓰로 가는 마린라이너를 기다리는 사람들
4. 마린라이너 안에서 본 세토 대교
5. 6. 7. 연락선 우동집

오카야마 역 岡山駅
주소 岡山県岡山市北区駅元町1-1

다카마쓰 역 高松駅
주소 香川県高松市浜野町1-20

연락선 우동 連絡船うどん
주소 高松市浜野町1-20
위치 다카마쓰 역 플랫폼 내
시간 7:15~21:00, 연중무휴
전화 087-851-2213

치선 인 다카마쓰 호텔 チサン イン 高松
주소 高松市福田町11-1
위치 가와라마치(瓦町) 역에서 도보 10분

시코쿠(1)
한적한 동네 : 고치

아침 일찍 고치高知로 가기 위해, 숙소에서 가까운 가와라마치瓦町 역으로 가다가, 교차로 모퉁이에 있는 로손 편의점을 보았다. 혹시나 싶어 로손 편의점의 뒷골목으로 돌아 들어가니 녹색 패널을 댄 2층 집이 보였다.

《해변의 카프카》에서 카프카 소년의 친누나일지도 모르는 사쿠라의 집을 발견한 것이다. 위치상 염두에 두고는 있었지만,《해변의 카프카》속 지명들이 모두 하루키의 상상 속에서 나온 곳들이라 실재하지 않을 거라 생각해 포기하고 있던 곳이기도 했다. 사쿠라의 집은 아버지를 살해한 후 피투성이가 된

채 신사의 숲 속에서 깨어난 카프카 소년 혹은 그의 분신이 묵게 되는 곳으로 내용 전개상 중요한 장소다. 소설에서도 초록색 패널을 덧댄 2층 집이라고 묘사가 되는데, 소설 속 묘사와도 흡사했다. 게다가 작중에서도 묘사된 로손ローソン 편의점 뒷골목이라는 점까지 거의 맞아 떨어졌다. 어쩌면 카프카 소년과 사쿠라가 여전히 이곳에 있을 것만 같은 느낌이 들었다.

가와라마치 역에서 만난 스타벅스에서 에그머핀과 커피로 아침을 대신하고 두 정거장을 지나 고치행 기차를 타기 위해 다카마쓰高松 역에 내렸다. 지난밤에는 서둘러 숙소로 들어가느라 알아차리지 못했는데, 다카마쓰 역 앞에는 도쿄에서 심야 버스를 타고 출발한 카프카 소년이 마지막 휴게소에서 만난 사쿠라와 함께 내리는 시외버스 정류장이 있었다.

《해변의 카프카》의 모험이 본격적으로 시작되려 하고 있었다.

사쿠라의 집
주소 香川県高松市瓦町2-12-18 **지도** p. 177
위치 가와라마치 역에서 도보 2분, 로손 편의점 뒷골목

사쿠라와 카프카 소년이 내린 시외버스 정류장

오시마 상의 산 속 오두막이 있는
고치

《해변의 카프카》에서 도서관 사서로 근무하는 오시마 상의 오두막이 있는 시코쿠의 남쪽 도시 고치高知를 시코쿠 여정의 첫 번째 장소로 선택했다.

고치까지는 다카마쓰에서 특급 열차로 3시간 정도를 가야 한다. 고치는 사카모토 료마坂本龍馬의 출신지로도 유명한데, 2013년 말부터는 한국 관광객 유치를 위해 한국어 홈페이지도 개설해 두고 있다.

다카마쓰에서 열차를 타고 몇 정거장 지나 우타즈宇多津 역에서 고치행 특급 열차를 기다렸다. 기차는 시코쿠의 한가운데를 가로질러 남쪽으로 향했다. 산악 지대의 절경이 눈앞에 펼쳐지고 오시마 상과 카프카 소년이 시원하게 내달린 고속도로의 쾌감을 맛보는 듯하다가 좌석 시트의 편안함에 이내 잠에 빠져들고 말았다. 기차는 약 1시간 반이 지나 중간지인 오보케大步危 역에 정차했다.

창 밖으로 절벽과 어우러진 벚꽃을 카메라에 담고 있는 중년들의 모습이 보였다. 몇 사람이 내리고 몇 사람이 탄 후 기차는 다시 고치를 향

우타즈 역 宇多津駅
주소 香川県綾歌郡宇多津町浜五番丁49

오보케 역 大歩危駅
주소 徳島県三好市西祖谷山村徳善西6

고치 역 高知駅
주소 高知県高知市栄田町2-1-10
지도 p. 166

사카모토 료마 坂本龍馬
1836~1867. 일본의 막부 시대를 청산하고, 근대 일본의 토대를 마련하는 데 기여한 무사 겸 사업가로 31세에 막부에 의해 암살 당했다.
1963년 시바 료타로의 장편 소설 《료마가 간다》의 주인공으로 등장해 에도 막부 말기의 풍운아로 그려지면서, 일본의 국민적 영웅이 되었다.

해 내달렸다. 기차가 기적을 울리며 힘을 내는 만큼 소음은 커지고 가슴은 더 두근거렸다.

2시간 40여 분을 달려 고치 역에 도착했다.《해변의 카프카》에서는 오시마 상의 오두막이 있는 산으로 묘사되고 있어, 단순히 작은 마을일 거라고만 생각하고 있었는데, 관광 산업에 집중하고 있는 크고 잘 발달된 도시라는 데에 강한 인상을 받았다.

탁 트인 바다에 료마 동상이 서 있는
가쓰라하마 해변

오시마 상의 흔적을 따라 일단 고치에 와 보기는 했지만 '파인딩 하루키'의 여정에 부합하는 일정은 찾지 못했다. 사실 《해변의 카프카》 작품 속에서도 고치에 대해서는 오시마 상의 오두막과 숲 속 외에는 묘사된 것이 없다. 고치 역에서부터 보이던 료마 관련 홍보물이 계속 눈에 띄었고, 결국 태평양 바다에 접해 있는 가쓰라하마桂浜 해변에 가 보기로 했다. 《해변의 카프카》의 해변이 이곳은 아니었을까.

고치는 고치 역을 중심으로 전차와 버스가 잘 어우러져 있다. 특히 도시를 십자가 모양으로 가로지르는 전차가 주민들의 유용한 교통수단이다. 전차를 타고 남쪽으로 내려가(190엔) 종착역에 내리면 료마의 동상을 볼 수 있는 가쓰라하마로 가는 버스가 1시간에 1대 꼴로 있다. 버스를 타고 약 30여 분을 더 달려 료마 공원에 도착했다.

비가 내리는 공원에는 아빠와 아들, 가족 단위의 여행객들이 보였다. 혼자 온 일본 여학생도 있었다. 료마 공원을 천천히 둘러보며 태평양을 한없이 바라보았다.

가쓰라하마 桂浜
주소 高知県高知市浦戸
위치 고치 역에서 전차로 산바시 도리 고초메(桟橋通五丁目) 역까지 이동 후, 동명의 버스 정류장에서 가쓰라하마행 버스를 타고 30분
고치 관광 한국어 사이트 www.kochi.kr

이곳이 작품 속 해변일 것이라는 강한 확신이 들었다. 나카타 노인이 자신도 모르게 시코쿠를 목적지로 정한 것과 같은 차원의 문제다. 카프카 소년과 어머니로 추정되는 사에키 상의 아련한 장면이 떠올랐다. 카프카 소년이 해변 의자에 앉아 세계를 움직이는 흔들이 추를 생각하듯, 잠시 해변에 앉아 파도 소리에 귀를 기울였다. 파도 소리가 마치 사에키 상이 불러 주는 '해변의 카프카' 노래처럼 포근하고 다정했다.

해변의 끝에는 바다의 신을 기리고 안녕을 기원하는 작은 신사가 있었다. 신사의 빨간색이 푸른 바다와 어우러져 더욱 돋보였다.
해변에 잠시 머물다 버스를 타고 다시 고치 역으로 향했다. 날은 벌써 어두워지기 시작했다.

다카마쓰로 돌아오는 길에 역 안 편의점에서 고른 도시락과 아사히 크리미 맥주를 먹고 하루 일정을 마무리한다. 고치를 다녀오고 나서야 비로소 마음에 여유가 생겼다. 기차 안에서만 7시간을 보내는 동안 많은 생각을 정리할 수 있었다. 빽빽하게 짜 놓은 일정을 소화하기에 바빴던 지금까지의 여정을 되돌아보며, 이제부터는 이곳 시코쿠, 다카마쓰 특유의 공기에 빠져들어 차분히 여정을 소화해 보기로 마음 먹었다.

욕조에 물을 받고 몸을 담가 피로를 풀었다. 카프카 소년처럼 편의점에서 오이와 샐러리를 사와 욕조에 씻어 마요네즈를 찍어 먹어 보고도 싶었지만, 맥주 한 캔과 음악 그리고 소설 몇 페이지를 읽는 걸로 조용히 하루를 마무리한다. 숙소에서는 라디오 헤드의 <kid a> 앨범이 울려퍼진다.

해변의 카프카

하루키의 2002년 작 《해변의 카프카》는 하루키를 전 세계적으로 알리는 계기가 된 작품이다. 이 작품으로 2005년 미국 〈뉴욕타임스〉에서 선정한 올해의 책에 선정되었으며, 2006년에는 프란츠 카프카상을 수상하였다.

15세의 카프카 소년이 부조리한 세상에 맞서 싸우며, 도쿄에서 시코쿠에 이르는 험난한 여정을 흥미롭게 묘사한 이 작품은 많은 팬들 사이에서 《태엽 감는 새》와 함께 하루키 작품 중 최고라는 평을 받는다. 그리고 2004년 광화문 교보문고에서 내가 하루키를 처음 만나게 된 작품이기도 하다.

하루키는 1992년부터 1994년까지 《태엽 감는 새》를 4부에 걸쳐 집필하며 평단과 독자는 물론 스스로도 작가로서 만족해했고, 그 이후 《스푸트니크의 연인》을 통해 잠시 쉬어 가고, 2002년 《해변의 카프카》를 썼을 때 비로소 내가 하고 싶은 이야기를 마음껏 할 수 있게 되었다고 말한다.

이 작품은 하루키가 흠모하는 작가인 프란츠 카프카(그의 하와이 사무실에는 프란츠 카프카의 액자가 걸려 있다고 한다.)의 작품을 모티브로 해서 인간 존재의 부조리에 대한 성찰을 내포하고 있다. 《해변의 카프카》는 하루키 작가 인생에 있어 가장 중요한 작품이라 해도 과언이 아닐 것이다.

하루키 인터뷰

《해변의 카프카》에 대해

《해변의 카프카》는 하루키 스스로 자신 있게 마음껏 쓴 작품이라고 말한다. 그만큼 독자들에게 자신 있게 자신의 메시지를 전달할 수 있지 않았을까. 하루키는 스스로를 어두운 동굴 속의 이야기꾼이라고 말한다.

소설을 쓰기 시작했을 무렵은 쓰고 싶어도 쓸 수 없는 것이 많았지만, 조금씩 쓸 수 있는 것들을 늘려 갔죠. 어떻게든 쓸 수 있게 된 것이 2000년경 《해변의 카프카》를 쓰면서였죠. 그때 비로소 제 자신이 쓰고 싶은 것을 제대로 쓸 수 있게 되었다고 느꼈습니다.

- 2013년 교토대 공개 인터뷰 중에서

전 이 소설을 쓰면서 독자들이 그들 스스로 변화하고자 강하게 열망하기를 바랐어요. 나 자신을 돌보지 못하는 여행은 아무 의미가 없죠. 등장인물들이 모두 폭풍 속에서 빠져나오듯이 저 스스로와 독자들도 그러기를 바랐어요. 모든 독자들은 소설을 읽으면서 어둠이나 불안 등으로부터 좀 더 나아지기를 바라요. 이런 의미에서 전 도덕주의자예요. 저를 어두운 동굴 속의 이야기꾼으로 비유하자면, 동굴을 떠나는 사람들에게 어둠에 맞설 수 있는 방법과 용기를 주는 사람이고 싶습니다.

- 2014년 네덜란드 일간지 〈NRC〉 인터뷰 중에서

하루키는 2004년 미국 문예지 〈파리 리뷰〉와의 인터뷰에서 《해변의 카프카》를 두고 이야기가 복잡해 따라오기는 힘들 수 있지만 읽기 쉽고 유머가 있고 드라마틱하다며, 페이지를 넘길수록

흥미가 있어 페이지 넘기는 시간이 모자랄 정도라는 미국 표현인 '페이지 터너(page turner)'라고 이야기한다. 얼마나 이 작품에 대한 애정이 많은지 짐작할 수 있는 대목이다.

《해변의 카프카》에는 음악도 많이 묘사되는데, 카프카 소년이 도쿄를 떠나 시코쿠로 가면서 챙긴 앨범 중에 라디오 헤드의 〈KID A〉 앨범이 있다. 이 앨범의 일본 발매 해설문에 기타리스트인 조니 그린우드가 하루키의 소설을 좋아한다고 썼는데 이를 보고 하루키는 기분이 좋았다고 회상한다. 그에 대한 답례였을까, 카프카 소년은 이어폰으로 '라디오 헤드'의 음악을 듣는다.

하루키는 한 인터뷰에서 프란츠 카프카에 대해서 이렇게 이야기하기도 했다.

그는 내게 정말 중요한 작가에요. 10대였을 때 그의 세계에 매료되었죠. 조용한 지역, 비이성적, 폭력이 동시에 전개되죠. 이런 혼란스러운 세계는 저와 가까운 것이었어요. 처음 프라하를 방문했을 때, 너무 익숙한 도시의 분위기에 놀라기도 했었죠.

- 2011년 프랑스 일간지 〈르 몽드〉 인터뷰 중에서

2007년 〈GQ〉 한국판에 실린 인터뷰에 따르면, 하루키가 고른 자신의 작품 중 《해변의 카프카》를 추천작에 꼽기도 했다. 그외에 《세계의 끝과 하드보일드 원더랜드》, 《노르웨이의 숲》, 《태엽 감는 새》 등이 있는데, 선택의 이유는 가장 많은 에너지를 쏟아낸 작품들이기 때문이라고 말한다.

시코쿠 우동 여행을 떠나다

시코쿠(2)
사누키 우동으로 유명한 곳 : 가가와

《하루키의 여행법》에는 하루키가 편집자인 마쓰오와 삽화가 안자이 미즈마루와 함께하는 시코쿠 우동 여행이 맛깔나게 그려진다. 그 에세이를 읽고 우동을 먹고 싶지 않은 사람은 없을 것이다.

시코쿠는 하루키가 우동을 테마로 여행을 하고 그것을 계기로 《해변의 카프카》까지 집필하게 된 지역이다.

일본의 국토를 이루는 네 개의 섬 중에서 가장 작은 섬이지만 시코쿠에는 그곳만의 알 수 없는 매력이 있다. 시코쿠는 우동도 유명하고, 사찰을 순례하는 여정도 많아 미식가와 순례객들을 끌어모은

다. 우동 순례, 사찰 순례, 하루키 순례로 순례 3종 세트가 완성되었다고 나 할까.

시코쿠의 가가와 현은 옛날부터 '사누키 우동'으로 유명했다. 사누키는 가가와 현의 옛 지명으로 사누키 우동은 면발이 굵고 쫄깃한 우동을 말한다. 일본 내에서는 물론 세계적으로도 유명하며, 역 안이나 지하철 곳곳에 우동 투어 홍보물도 많다. 다카마쓰에는 몇 군데의 우동집과 관광지를 둘러볼 수 있는 우동 택시와 우동 버스도 준비되어 있다.

《해변의 카프카》에서 카프카 소년은 사누키 우동을 이렇게 표현하기도 한다. "우동 면발이 쫄깃쫄깃하고 신선하며 국물 맛도 좋았다. 게다가 가격도 깜짝 놀랄 만큼 싸다. 너무 맛이 있어서 한 그릇 더 시킨다. 오랜만에 배가 불러 행복한 기분이 된다."

우동 택시 www.udon-taxi.com
우동 버스 www.kotosan.co.jp/sp

하루키가 맛본 우동집은 모두 다카마쓰에 있는 우동집으로 총 5곳이었는데, 아쉽게도 그중 한 곳은 현재 영업을 하지 않고 있었다. 영업을 하지 않는 한 곳을 제외하고 네 곳을 찾아갈 예정이었으나, 실수로 다른 곳에 있는 같은 이름의 야마시타 우동을 한 군데 더 방문하게 되어 나 역시 모두 다섯 군데의 우동집을 방문하게 되었다. 실수로 방문한 곳이었지만 그곳 또한 다른 곳들 못지않게 맛있는 집이었기에 함께 소개하기로 한다.

전날 예약해 둔 일본의 국민 경차 닛산 마치를 픽업하여, 하루키가 가장 극찬한 나카무라 우동부터 찾아가 보기로 한다. 이곳에 소개하는 우동집들은 대중교통으로는 접근이 힘든 곳이어서 차량 렌트를 추천한다. 해외에서 차량을 렌트하려면 출국 전 가까운 경찰서에서 국제 운전 면허증을 발급 받으면 된다. 수수료 7,000원에 10분이면 발급 받을 수 있다. 차 키를 인계 받고 기분 좋게 나카무라 우동으로 출발.

MAP
우동 순례 지도

❶ 나카무라 우동
주소 香川県丸亀市飯山町西坂元1373-3
위치 JR마루가메(丸亀) 역에서 차로 15분
시간 9:00~14:00
(재료 소진 시 조기 종료)
휴일 매주 화요일
전화 0877-98-4818
사이트 www.nakamura-udon.net

❷ 가모 우동
주소 香川県坂出市加茂町420-3
위치 JR가모가와(鴨川) 역에서 도보 15분
시간 08:30~13:30(토요일은 ~13:00)
휴무 매주 일요일, 셋째 주 월요일

❸ 고토히라 궁
주소 香川県仲多度郡琴平町字川西892-1
위치 고토히라(琴平) 역에서 도보 15분
주차 입구 주변에 유료 주차장 다수 영업 중
(종일 500엔)

❹ (잘못 찾아간) 야마시타 우동
주소 香川県善通寺市与北町284-1
위치 JR고토히라(琴平) 역에서 차로 10분
시간 9:30~18:30
휴일 매주 화요일
전화 0877-62-6882
결제 카드 불가

❺ 오가타야 우동
주소 香川県仲多度郡まんのう町吉野1298-2
위치 JR고토히라(琴平) 역에서 차로 15분
시간 9:30~18:00
휴일 매주 화요일
전화 0877-79-2262

❻ 야마시타 우동
주소 香川県坂出市加茂町147-1
위치 사누키후추(讃岐府中) 역에서 도보 15분
시간 08:00~16:00
(토 08:00~15:00, 일 08:00~14:00)
휴일 매주 월요일
전화 0877-48-1304
결제 카드 불가

작은 마을의 소박한 우동집
나카무라 우동

첫 번째 목적지인 나카무라 우동에 도착한 시간은 오전 9시경으로 붐비지 않아서 금방 우동을 맛볼 수 있었다. 이곳은 오후 2시까지 영업을 하기 때문에 일찍 서둘러야 했다.

길가에 간판이 있어 쉽게 찾아갈 수 있었다. 간판이 보이는 길 바로 옆에 작은 주차장이 마련되어 있었다. 자그마한 마을 안에 소박하게 자리 잡은 우동집이지만 찾아오는 이들이 많아서인지 주차 공간은 넉넉했다.

정문으로 들어가면 우동을 주문하는 곳과 면을 만드는 주방이 눈앞에 펼쳐진다. 먼저 우동 면의 양과 면 종류를 고르면 아주머니가 면을 소쿠리에 담아 끓는 물에 넣어서 적당히 익혀 그릇에 담아 준다. 면 그릇에 튀김이나 오뎅, 달걀 등을 고르고 파를 얹은 후, 계산을 하고 먹는 장소로 이동하면 된다.

하루키가 이곳을 방문했을 당시에는 나카무라 씨와 그의 아들이 함께 일하고 있어 그들과 인터뷰를 한 그림이 나와 있는데, 지금은 아들이

나카무라 우동 なかむらうどん
주소 香川県丸亀市飯山町西坂元1373-3
위치 JR 마루가메(丸亀) 역에서 차로 15분
시간 9:00~14:00
(재료 소진 시 조기 종료)
휴일 매주 화요일
전화 0877-98-4818
사이트 www.nakamura-udon.net

주로 일을 맡아서 하고 있는 듯했다. 아들로 보이는 남자 2명이 친절히 인사를 하고 안내도 해 주었다. 아쉽게도 잠시 쉬고 있어서 면을 만드는 모습은 볼 수 없었다.

우동 맛은 군더더기 없이 깔끔했다. 오늘 하루 우동을 여러 그릇 먹어야 하기에 가장 작은 사이즈로 가케 우동 かけうどん 을 선택해, 새우 튀김 하나를 얹고 뜨거운 국물을 붓고 파를 조금 올렸다. 기호에 따라 옆에 마련되어 있는 무를 갈거나 파를 첨가해 먹으면 된다.

준비된 우동 한 그릇을 조심스럽게 들고 야외 자리로 나와 시식을 시작했다. 쫄깃한 면발이 더욱 우동의 맛을 더했다. 후루룩, 쪼로록 면발 소리가 더 식욕을 자극한다. 기호에 맞게 제조한 우동이라 그런지 더욱 맛있었다.

카프카 소년처럼 맛있게 한 그릇을 더 먹고 싶었지만, 오늘은 하루 종일 우동만 먹어야 하기에 참기로 했다.

쫄깃하고 담백한 진짜배기
가모 우동

가모 우동 역시 나카무라 우동과 마찬가지로 오후 2시까지 영업이어서 서둘러 이동했다. 가모 우동은 이른 아침부터 딱 점심까지만 먹을 수 있는 곳이다.

하루키는 맛으로는 나카무라 우동을 최고로 쳤지만 나는 가모 우동의 우동이 가장 맛있었다. 가모 우동에 도착한 시간은 10시경이었는데 이미 줄이 꽤 길었다. 인근 운동부 학생들이 단체로 와서 시끌벅적했다. 혹시나 오늘 준비된 재료가 동나 우동을 못 먹을까 조마조마해하며 차례를 기다렸다. 다행히 가게에 들어서자 주인 아저씨가 열심히 우동 면발을 삶아 담아 주고 계셨다. 그 모습이 꽤나 멋졌다. 임팩트 있는 모습이랄까. 튀김을 고르는 코너에서는 안자이 미즈마루가 선택했던 고로케를 골랐다. 마침 방금 튀긴 고로케가 막 나오는 중이었다.

내가 선택한 레시피는 《하루키의 여행법》에서 안자이 미즈마루 씨가 먹었던 고로케 우동으로, 김이 모락모락 나는 쫄깃쫄깃한 면발 위에

가모 우동 がもううどん
주소 香川県坂出市加茂町420-3
위치 JR 가모가와(鴨川) 역에서 도보 15분
시간 08:30~14:00(토요일은 ~13:00)
휴무 매주 일요일, 셋째 주 월요일

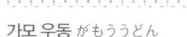

따뜻한 국물을 뿌리고 고로케를 올리고 파를 올린다. 그걸로 끝. 담백하고 깔끔한 순도 100%의 맛이었다. 이게 바로 현지의 맛이라는 느낌이었다.

갓 튀긴 고로케의 바삭함과 부드러운 면발의 조화는 정말 훌륭했다. 가게 내부는 좁지만 테이블도 놓여 있고, 유명인들의 사인도 걸려 있었다. 아쉽지만 하루키의 사인은 보이지 않았다.

가모 우동은 마을의 좁은 골목에 자리 잡고 있지만 주차 공간은 최고였다. 가게 앞에 운동장 1/3 크기만한 주차장이 구비되어 있고, 주변으로는 넓은 논에 푸른 벼가 자라고 있었다.

하루키는 장소로만 보면 이곳 가모 우동이 최고라며, 논 한가운데 작은 개울이 흐르는 곳에 위치해 있다고 묘사했는데, 이렇게 넓은 주차장이 생긴 모습을 보면 어떤 생각을 할까 사뭇 궁금해졌다.

우동 순례중 잠시 쉬어 가는 곳
고토히라 궁

가모 우동에서 최고의 맛을 본 후, 다음 우동집으로 이동하기 전에 《하루키의 여행법》에서 하루키 일행이 그랬던 것처럼 소화도 시킬 겸 고토히라 궁에 잠시 다녀왔다. 하루키는 우동 투어 중 잠깐 계단을 뛰어 올라간 좋은 추억이라고 말한다.

그도 그럴 것이 아무리 맛있는 우동이라 하더라도 하루 종일 우동만 먹는 것은 그다지 할 일이 못 될 것이다. 그래서 하루키도 잠시 고토히라 궁의 계단을 오르지 않았을까?

고토히라 궁은 바다를 수호하는 해신이 모셔져 있어 일본 사람들이 꼭 한 번 가 보고 싶어 하는 신사이기도 하다. 12시가 조금 안 된 시간에 고토히라 궁에 도착했다. 평일이어서 사람이 많지는 않았지만, 노후를 여행에 투자하고 계신 어르신들과 중국인 단체 관광객들이 간간이 계단을 오르고 있었다.

1시간도 채 머물지 않았지만 종일 주차 500엔을 지불하고 계단을 올랐다. 고토히라 궁 본당에 가기 위해서는 785개의 계단을 올라야 한다.

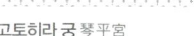

고토히라 궁 琴平宮
주소 香川県仲多度郡琴平町字川西 892-1
위치 고토히라(琴平) 역에서 도보 15분
주차 입구 주변에 유료 주차장 다수 영업 중(종일 500엔)

정확히 표현하면 계단이 마련된 785개의 지점을 뜻한다. 계단이 계속되는 것이 아니라 10여 개 남짓한 계단에 평지가 이어지고 그것이 반복되는 형태다. 본당까지의 785 계단 중 100 계단을 올라가 보았다. 계단 양쪽에는 기념품 숍이나 음식점이 죽 늘어서 있어 지겹거나 배고플 일도 없다. 계단 초입에는 지팡이도 무료로 빌려 준다. 우동을 먹다가 지칠 때쯤 한 번 들러 보자. 계단을 오르고 나면 허기가 다시 찾아와 다음 우동의 맛도 한결 좋아질 것이다.

잘못 찾아갔지만 역시 맛있는
야마시타 우동

야마시타 우동과 오가타야 우동은 오후 6시경까지 영업을 해서 오후 일정으로 잡고 찾아갔다. 야마시타 우동에는 하루키와 안자이 미즈마루의 사인도 있어 더욱 기대를 하고 있었다. 네비게이션에 사전에 적어 둔 전화번호를 찍고 네비게이션이 알려 주는 대로 큰길을 달려 야마시타 우동에 도착했다.

주차장도 넓고 깔끔한 인상의 우동집이었다. 장사가 잘 되어 새롭게 다시 지은 것 같다는 느낌이었다. 시코쿠는 주변이 온통 산이라 '야마시타山下, 산 아래'라는 상호를 붙이는 것은 특별한 일이 아닌 것 같았다.

세 번째로 찾아간 야마시타 우동이 내가 처음에 계획한 야마시타 우동이 아니라는 것을 알아차리게 된 것은 벽면의 수많은 사인 중에 하루키의 사인이 없는 것을 알아차렸을 때였다.

직원에게 무라카미 하루키의 사인은 어디 있냐고 물어 보자, 그는 모르는 눈치였다. 그때 주방장으로 보이는 분이 나오더니 무라카미 하루

야마시타 우동 山下うどん
주소 香川県善通寺市与北町284-1
위치 JR 고토히라(琴平)역에서 차로 10분
시간 9:30~18:30
휴일 매주 화요일
전화 0877-62-6882
결제 카드 불가

키의 사인은 잘 모르겠지만, 야마시타 우동이 이곳만 있는 것이 아니라고 말씀하셨다.

그제서야 '아차' 싶어서 야마시타 우동을 다시 검색해 보았다. 역시 잘못 찾아온 것이었다. 원래대로 찾아갔다면 두 번째로 간 가모 우동에서 멀지 않은 곳에 있었다.

그래도 주문한 우동은 맛있게 먹었다. 고토히라궁의 계단을 오르내리며 어느 정도 소화가 된 터라 먹는 데는 문제가 없었지만, 다음에 가 봐야 할 우동집이 두 곳이나 더 있었기에 역시 작은 사이즈로 주문했다.

우동을 먹는 방법은 여느 우동집과 다르지 않았다. 면 사이즈를 고르고, 튀김과 국물, 파, 간장 등을 첨가하면 된다.

확실히 야마시타 우동은 외관에서 느껴지듯이 내부 시스템도 다른 집에 비해 세련되었다. 튀김 진열대도 집기 편하게 되어 있고, 튀김 그릇도 이자카야의 정종 잔이나 카페의 에스프레소 잔처럼 고객의 취향에 맞는 그릇을 선택할 수 있게 해 놓았다. 그리고 테이블에는 기호에 맞게 간을 해 먹을 수 있도록 간장 등의 양념이 마련되어 있었다. 이곳에도 유명인들이 많이 다녀갔는지 벽에 사인이 가득했다.

20센티미터의 무를 손수 갈아 먹는
오가타야 우동

잘못 찾아간 야마시타 우동에서 가까운 위치에 있는 오가타야 우동은 20센티미터의 무가 나오는 곳으로, 무를 갈아서 먹기 시작한 원조 우동집이다. 《하루키의 여행법》에서 하루키도 손님들이 모두 길다란 무를 들고 앉아 갈고 있는 진기한 모습을 묘사했다.

이곳도 주차 공간이 아주 넓었다. 입구에서부터 홍보가 잘 되어 있었는데, 외벽부터 내부 곳곳까지 귀여운 '무 아저씨'의 캐릭터가 붙어 있었다. 진중한 모습으로 우동을 담아 주는 가모 우동과는 다르게 좀 더 밝은 분위기를 띄고 있었다. 오가타야 우동은 영화 〈우동〉Udon, 2006에 등장하기도 했다.

오가타야 우동에서는 다른 종류의 우동을 먹어 보고 싶었지만 배가 불러 다 먹지 못할 것 같아 역시 가케 우동을 주문했다. 이곳에서 첫 번째로 방문했던 나카무라 우동에서 본 가족을 다시 만났다. 서로 눈인사를 하고 테이블 자리에 앉았다.

오가타야 우동 小縣家
주소 香川県仲多度郡まんのう町吉野 1298-2
위치 JR 고토히라(琴平) 역에서 차로 15분
시간 9:30~18:00
휴일 매주 화요일
전화 0877-79-2262

드디어 주문한 우동이 나왔는데 갈아 먹을 무가 함께 나오지 않았다. 알고 보니, 무는 소유(しょうゆ) 우동(간장 우동)을 먹어야 나오는 것이라고 한다. 다른 테이블을 보니 모두 소유 우동에 즐겁게 무를 갈고 있었다. 부족한 사전 조사에 대해 반성을 하며 주문한 우동을 먹었다.
배가 서서히 불러오고 있어서 마지막 우동집이 될 진짜 야마시타 우동을 위해 소유 우동을 추가로 주문하는 건 할 수 없었다. 구석 바구니에서 대기 중인 무들이 머쓱해 하는 것 같았다.
무도 직접 갈아 보지 못하고, 배가 불러 100% 식도락 여행의 진정성을 가지고 먹지는 못했으나 충분히 훌륭한 맛이었다.

야마시타 우동

하루키의 사인이 있는 진짜

시코쿠 우동 순례의 마지막은 오후 4시까지 영업을 하는 진짜 야마시타 우동집이었다. 한국에서의 운전 습관이 조금 발휘되자 영업 종료 15분 전에 가까스로 도착할 수 있었다. 가게 주변이 다소 한산한 것이 불길한 생각이 들어 주차는 대충 하고 황급히 가게로 달려갔다.

가게 앞에는 한 청년이 바닥에 앉아 파를 다듬고 있었다. 설마 영업이 끝났나 하는 생각에 서둘러 가게 안으로 들어가 보니 역시 정리 중이었다. 그래도 다행히 반갑게 맞아주셨다. '자네가 먹을 수 있는 우동 정도는 남아 있네.' 하고 말씀해 주시는 것 같았다.

야마시타 우동은 예전에는 제면소와 함께 운영하는 우동집이었는데, 지금은 제면소는 운영하지 않고 있는 듯했다. 진짜 야마시타 우동에서는 국물이 없는 붓카케ぶっかけ 우동에 계란을 하나 깨뜨려 넣어서 후루룩 먹었다. 가격은 200엔. 주인 할머니께서는 무라카미 하루키를 잘 알고 계셨다. 직접 사인도 받으셨다고 한다.

우동은 역시 맛있었다. 면발과 계란의 부드러운 식감이 더없이 잘 어울

야마시타 우동 山下うどん
주소 香川県坂出市加茂町147-1
위치 사누키후추(讃岐府中) 역에서 도보 15분
시간 08:00~16:00
(토 08:00~15:00, 일 08:00~14:00)
휴일 매주 월요일
전화 0877-48-1304
결제 카드 불가

렸다. 무엇보다 오늘 맛본 우동 중 가장 저렴한 가격이 눈에 띄었다. 한창 시간에는 줄이 얼마나 길까 상상도 안 되었다.

벽 한쪽에는 하루키와 안자이 미즈마루의 사인이 벽에 걸려 있었다. 1990년도에 하루키 일행이 다녀가고 20년이 넘은 지금까지도 영업을 하고 있다는 것이 왠지 모르게 감사했다. 나도 이 우동을 맛볼 수 있다니 감격스러울 정도였다.

(이후 이곳을 다녀온 분에 따르면, 현재 하루키의 사인은 별도로 보관 중이어서 주인 할머니께 보여 달라고 해야 볼 수 있다고 한다.)

야마시타 우동을 끝으로 계획했던 우동 순례 일정을 마쳤다. 배를 탕탕 두드리며 우동집 옆에 흐르는 강둑에 앉아 해가 뉘엿뉘엿 넘어가는 풍경을 바라보았다. 문득 시내의 번잡함 속으로 돌아가기가 싫어졌지만 조금 더 머물다 이내 렌트카로 가서 시동 버튼을 눌렀다.

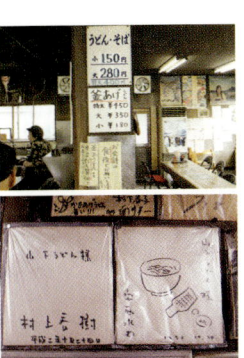

또 다른 세계 다카마쓰 시내 탐험

시코쿠(3)
새로운 세계가 펼쳐지는 곳 : 다카마쓰

시코쿠 우동 순례를 마치고, 렌트카를 반납하기 전에 시코쿠의 관문인 세토 대교로 향했다. 세토 대교는 《해변의 카프카》에서 시코쿠로 들어온 카프카 소년과 사쿠라가 심야 버스를 타고 건너간 다리로, 1998년에 건설되어 10km의 길이로 5개의 섬을 잇고 있다.

나카타 노인과 호시노 청년은 호시노 청년의 트럭으로 고베에서 시코쿠를 연결하는 아카시 해협 대교明石海峽大橋를 건너 도쿠시마德島로 들어갔다.

호시노 청년이 다리를 건너기 전 고베 항에서 아카시 해협 다리를 보며 정치가들이 쓸데 없이 다리를 두 개(아카시 해협 대교와 세토 대교)나 만들었다고 투덜댔던 다리 중 하나다.

15세의 카프카 소년이 그랬듯 나도 시코쿠를 떠날 때 어떤 새로운 의지를 품게 될까? 세토 대교로 가기 전 해변 도로에 잠시 차를 세워 놓고 바다를 바라보았다. 일본의 가장 큰 섬인 혼슈_{本州}가 멀리 보였다. 내일이면 다시 혼슈로 들어간다는 생각을 하니, 나는 이곳 시코쿠에서 무엇을 얻었을까 잠시 생각해 보게 되었다. 답은 쉽게 나오지 않았다. 아니, 답이란 게 있을리가 없었다. 다시 힘차게 세토 대교로 향했다.

Tip

일본에서의 차량 운전 시 주의할 점

1. 일본은 우리와 반대로 대부분의 영국 등 섬나라가 그렇듯 왼쪽으로 주행한다.
2. 따라서 교차로에서 우회전 시에 당연히 신호를 받고 가야 하지만, 좌회전 신호도 받고 가야 한다.
3. 또한 우회전 신호가 3색 신호등 위나 아래에 '녹색→' 표시가 있는 교차로가 아니면 맞은편 주행 차량을 보고 신호 없이 비보호 우회전이 가능하다.
4. 네비게이션은 전화번호로 검색하는 것이 가장 정확하고 빠르다.

MAP
다카마쓰 시내

❶ 세토 대교
주소 岡山県倉敷市~香川県坂出市

❷ KFC 다카마쓰
주소 香川県高松市今里町4-5
위치 리쓰린 코엔(栗林公園) 역에서 도보 10분

❸ 다카마쓰 도서관
주소 香川県高松市昭和町1-2
위치 쇼와초(昭和町) 역에서 도보 3분

❹ 신교지
주소 香川県 高松 市扇町1-26-4
위치 다카마쓰 역에서 도보 13분

❺ 아타고 신사
주소 香川県高松市扇町1-2-3
위치 다카마쓰 역에서 도보 10분

시코쿠의 관문
세토 대교

세토 대교의 풍경은 그야말로 장관이었다. 세토 대교는 도로와 철로가 함께 있는 세계 최장의 도로라고 한다. 세토 대교가 바라다보이는 세토 대교 기념 공원은 수요일 평일이었음에도 가족 단위의 사람들과 웨딩 촬영을 하는 부부들로 분위기는 화기애애하고 활기로 가득 찼다. 전망대에 올라 멋진 풍경을 카메라에 담고 카페오레를 하나 뽑아 마시고 천천히 내려왔다. 세토 대교와 세토 대협의 멋진 풍경에 그만 넋을 놓고 있다가 시간이 많이 지체되어 서둘러 렌트카를 반납하러 다카마쓰 역으로 향했다.

다카마쓰 시내로 들어가는 길은 퇴근 시간과 맞물려 정체가 시작되었다. 역에 도착해서 연료를 가득 채우고 나니 렌트카 반납 시간보다 30분이나 늦어 있었다. 미안해하며 차량을 반납하는데, 안전 운전해서 다행이라는 말에 작은 감동을 받았다.

우동을 많이 먹었는데도 다시 배가 고파졌다. 이곳 시코쿠는 툭 하면 배가 고파지는 곳 같다. 아무래도 이상하다. 묘한 기운이 있다.

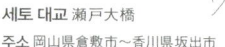

세토 대교 瀬戸大橋
주소 岡山県倉敷市～香川県坂出市

세토 대교 기념 공원
瀬戸大橋記念公園
주소 香川県坂出市番の州緑町6-13
위치 사카이데(坂出) 역에서 버스로 10분
시간 09:00~17:00 (무료)
휴무 매주 월요일
전화 0877-45-2344

커넬 샌더스 대령을 찾아간
KFC 다카마쓰

렌트카를 반납하고 어둑어둑해진 다카마쓰 시내를 걸었다. 언제 다시 올지 모른다는 생각을 하니 골목 하나하나가 소중하게 느껴졌다. 그것도 잠시 갑자기 내 앞에 등장한 커넬 샌더스 대령 덕에 다시 《해변의 카프카》 속으로 들어가게 되었다.

커넬 샌더스 KFC 창업자, 1890~1980, 《해변의 카프카》의 캐릭터 대령은 시코쿠로 건너온 호시노 청년에게 갑자기 나타나 자기가 소개해 준 여자와 즐거운 시간을 보내면 나카타 노인이 찾고 있는 '입구의 돌'이 있는 곳을 알려 준다며 꼬득인다. 다소 음흉하게 등장하지만 결국은 '입구의 돌'을 찾아 나카타 노인이 과업을 이루는 데 결정적인 역할을 한다.

눈앞에 갑자기 커넬 샌더스 대령이 나타나자 반가운 마음에 혹시나 나에게도 거절하기 어려운 제안을 하지 않을까 조마조마해하며 다가갔다. 그러나 커넬 샌더스 대령은 패스트푸드점의 안내원 역할에만 충실할 뿐 아무런 말이 없었다. 다카마쓰에는 총 4개의 KFC가 있는데 커넬 샌더스 대령이 있는 곳은 이곳뿐이다.

KFC 다카마쓰(수이마이토 점)
KFC高松(今里店)
커넬 샌더스 대령이 있는 곳
주소 香川県高松市今里町4-5
위치 리쓰린 코엔(栗林公園) 역에서 도보 10분
시간 10:00~22:00(드라이브 스루 매장)
전화 087-840-0234

Travel Note

숙소로 돌아와 시코쿠에서의 마지막 밤을 보내며 혹시나 입구의 돌이 뒤집혔던 그 때처럼 천둥이나 비가 내리지 않을까 염려하며 조금은 뒤척였던 것 같다.

시코쿠에서의 마지막 밤은 정말 꿀맛 같은 잠을 잤다. 카프카 소년과 나카타 노인이 24시간 동안 잠을 잤다는 표현을 알 수 있을 것만 같았다. 하루키도 시코쿠에 왔을 때 오랜 시간 잠을 잔 경험이 있지 않을까.

다카마쓰에서는 유독 홀로 덩그러니 놓인 느낌이 들었다. 혼자 여행 중이니 자연스럽게 드는 기분일 수도 있지만 이곳에서는 왠지 모르게 나 홀로 다른 시간대를 보내고 있는 것 같은 느낌이 유독 강하게 들었다. 마치 하루키의 패러렐 월드를 체험하고 있는 것처럼.

다카마쓰의 호텔은 장마철 눅눅한 공기 같은 무거운 느낌이 가득 차 있었는데, 마치 나를 어디론가 다른 세계로 데리고 가는 듯한 묘한 느낌이었다. 다카마쓰의 가와라마치 역 주변 낡은 비지니스 호텔인 치산인 다카마쓰 호텔에서의 첫 날 밤은 불만족스러웠는데, 지금 생각해 보니 오히려 그것이 딱 다카마쓰에 어울리는 호텔이 아니었나 싶다.

다카마쓰에서의 마지막 날이 될 내일은 다카마쓰 역 주변에 있는 다카마쓰 도서관과 카프카 소년이 피를 묻힌 채 누워 있었던 입구의 돌이 있는 신사를 찾아보기로 했다. 입구의 돌을 찾으면 그 돌을 원래의 자리로 되돌린 후 카프카 소년이 그랬듯 온갖 폭풍이 휘몰아치는 와일드한 곳으로 돌아가게 되겠지.

<small>고무라 도서관이었을지도 모르는</small>
다카마쓰 도서관

2002년 일본에서 《해변의 카프카》가 출간된 후, 하루키가 출판사의 게시판을 통해 독자들의 질문에 답변을 하는 일종의 이벤트를 진행한 적이 있다. 그것을 묶어 일본에서는 《소년, 카프카》<small>少年カフカ, 국내 미출간</small>라는 책으로 나오기도 했다.

당시 독자들의 큰 관심 중 하나는 '고무라 기념 도서관'이 실재하냐는 것이었는데, 이에 하루키는 고무라 도서관은 실재하지 않고 다카마쓰에 그런 도서관이 있을 것 같다는 느낌을 바탕으로 썼다고 했다.

혹시 내가 고무라 도서관을 발견하지는 않을까 기대하며 다카마쓰에 실재하는 도서관을 찾아가 보기로 했다. 다카마쓰 도서관 건물은 다카마쓰 출신 극작가인 기쿠치 칸 기념관과 함께 사용되고 있었는데, 건물 외벽이 유리로 덮인 이 건물의 이름은 '산크리스탈 다카마쓰'로 《해변의 카프카》에 등장하는 고풍스러운 느낌의 고무라 기념 도서관과는 전혀 맞지 않았다.

기쿠치 칸 기념관 菊池寬記念館
(다카마쓰 도서관)
주소 香川県高松市昭和町1-2
위치 쇼와초(昭和町) 역에서 도보 3분

'파인딩 하루키' 여정을 준비하면서 고무라 도서관이 실재하지 않는다는 것을 알고는 있었지만, 그래도 비슷한 느낌을 받을 수 있지 않을까 하고 찾아간 다카마쓰 도서관이 소설 속에 묘사된 도서관과는 너무나 거리가 먼 신식 건물이라 조금 실망했다.
그렇다면 하루키가 재수 시절 공부했던 아시야 근처의 우치데 도서관이나 와세다 대학 시절 자주 다녔던 쓰보우치 연극 박물관 등이 고무라 도서관의 모델이 되지 않았을까 추측할 수 있는데, 이 추측은 도쿄의 와세다 대학을 방문했을 때 눈앞에 현실이 되어 나타났다.

아쉬움을 뒤로하고, '입구의 돌'을 찾아 보기 위해 다시 주변을 헤매기 시작했다. 커넬 샌더스 대령에게 도움을 받을 수 있을까 싶었지만 밤에만 활동하는 그가 나타날 리는 없었다.

입구의 돌을 찾다 벚꽃에 취해버린
신교지

《해변의 카프카》에서 '입구의 돌'이라는 것은 《1Q84》에 등장하는 수도 고속도로 3호선의 비상계단과 같이 다른 세계로 들어가는 입구 역할을 한다. 하루키식 패러럴 월드에 있어서 필수 불가결한 존재인 것이다. 소설 속에서는 다카마쓰 역에서 가까운 절 안의 수풀에서 입구의 돌이 발견된다.

입구의 돌은 고무라 도서관과 함께 소설 속에서 매우 중요한 역할을 하기 때문에 실제로 찾지는 못하더라도 다카마쓰를 떠나기 전까지 최대한 시간을 할애해서 다카마쓰 역 주변의 신사들을 둘러보기로 했다. 첫 번째로 들른 곳은 신교지真行寺였다. 신사 입구에 '참 진真' 자가 새겨진 돌이 있었지만 '입구의 돌'이라고 하기에는 너무 크지 않을까 싶었다. 신사 내부에는 만개한 벚꽃이 아름답게 피어 눈을 사로잡고 있었다. 잠시 벚꽃에 취해 멍하니 바라보고 있었다.

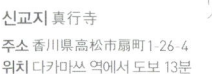

신교지 真行寺
주소 香川県高松市扇町 1-26-4
위치 다카마쓰 역에서 도보 13분

신비로운 느낌의 수풀이 있는
아타고 신사

정신을 차리고 다시 주변에 있는 아타고 신사愛宕神社를 찾았다. 이곳은 일본인들이 출세를 위해 찾는 곳이라고 한다. 아타고 신사의 입구에도 돌이 있기는 했다. 하지만 역시 '입구의 돌'인지는 알 수 없었다. 만약 '입구의 돌'이 분명 있다면 무언가 신비로운 느낌을 주는 아타고 신사의 수풀 속이 아닐까 생각해 보았다.

다카마쓰 역 주변에는 이 외에도 여러 개의 신사가 있어 모두 돌아보지는 못했지만 《해변의 카프카》의 느낌이 전해져 온 즐거운 탐험이었다. 주변의 신사에서 '입구의 돌' 찾기를 마치고, 오카야마로 가는 쾌속열차 마린라이너를 타기 위해 다시 다카마쓰 역으로 향했다.

마린라이너 출발 시간이 15분 정도 남아서, 다카마쓰에 도착한 첫날 먹었던 연락선 우동 가게에서 320엔짜리 가케 우동을 먹었다. 다카마쓰 여행의 시작과 끝에 우동을 먹은 것은 '입구의 돌'을 열고 닫은 것과 동일한 의미를 지니게 되지 않았을까.

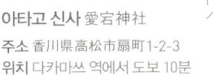

아타고 신사 愛宕神社
주소 香川県高松市扇町1-2-3
위치 다카마쓰 역에서 도보 10분

하루키 인터뷰

글 쓰는 방법에 대해

하루키의 인터뷰를 보면 항상 빠지지 않고 나오는 질문이 있다. 소설을 쓸 때 가이드 라인이 있냐는 것이다. 세계적인 작가가 어떻게 스토리를 구성하고, 진행시켜 나가는지 작가의 글 쓰기 방법이 궁금하기 때문일 텐데, 이에 대해 하루키는 이렇게 말한다.

전혀 아무런 계획도 가지고 가지 않아요. 한 챕터를 쓰고 나면 "그래, 다음은 뭐지?"라고 생각하기 시작해요. 그렇게 다음 챕터를 써 나갑니다. 때로는 시간상 전 챕터가 될 수도, 그 이후 챕터가 될 수도 있죠. 아무것도 계획하지 않은 채 쓰고 싶은 것을 써 나가요. 단지 이 이야기 이후 혹은 이전에 무엇이 있었는지를 생각합니다. 하나의 챕터를 끝내고 이전의 이야기를 쓰고 싶은지 이후의 이야기를 쓰고 싶은지 생각합니다. 그것은 마음에 따라 달라져요. 시간의 순서는 저에게 아무런 의미가 없어요. 전 항상 이상한 나라의 토끼를 따라갑니다. 그 토끼를 쫓고 있어요. 토끼가 어디로 갈지는 아무도 모릅니다.

- 2005년 미국 하버드대 인터뷰 중에서

비슷한 질문에 대한 하루키의 답변 중 자신에 대한 믿음을 강조한 아래 인터뷰는 단연 하루키다움이 묻어난다.

처음 시작하는 아이디어는 매우 보잘 것 없는 것에서 시작합니다. 예를 들어, 최근에 끝낸 《어둠의 저편》의 경우 19세 소녀가 레스토랑에서 커피를 마시며 책을 읽고 있는데, 남자가 접근하여 합석을 요청하고 소녀는 허락합니다. 단지 이 장면에서 저는 소설의 전체를 구상하기 시작했어요. 그 소녀는 누구이고, 남자는 또 누구인지에 대한 자신감은 처음에는 없었습니다. 하지만 스스로에 대한 신뢰가 중요합니다. 소설을 쓰고 싶다면 자신에 대한 믿음이 중요해요. 전 단지 글을 쓰는 작가로서, 스스로의 신뢰를 담보로 인내를 거듭해야 하는 직업을 갖고 있다고 항상 생각하고 있습니다.

— *2007년 아르헨티나 일간지 〈라 나시온〉 인터뷰 중에서*

하루키는 실재하는 장소를 소설 속에 담아내고는 하는데, 사전 자료 조사는 그에게 어느 정도의 중요성을 가질까.

사전 조사를 좋아하는 편은 아니에요. 상상력을 제한시키기 때문이죠. 그런데 이상해요. 다자키 쓰쿠루가 옛 친구를 찾아간 핀란드의 모습을 그릴 수 있었어요. 그리고 다시 핀란드에 갔을 때, 제가 소설 속에서 묘사한 것이 정확하게 그대로 있다는 것을 알게 되었죠. 일종의 데자뷰 같은 경험이었어요. 《해변의 카프카》를 썼을 때에도 다카마쓰라는 도시를 한 번도 가 보지 않은 채, 그 도시에서 벌어지는 판타지를 그렸어요. 해변과 바위 등 모든 것들을 제 상상 속에서 만들어 냈죠. 《태엽 감는 새》에서 묘사한 몽골도 마찬가지고요. 상상으로 하는 작업은 실제로 보는 이미지보다 더 강합니다. 아, 물론 조금은 위키피디아의 도움을 받기도 합니다.

— *2014년 독일 주간지 〈디 차이트〉 인터뷰 중에서*

핵 시설에 대한 하루키의 비판

히로시마
과오를 반복하지 않기 위한 곳 : 히로시마 평화 기념 공원

다카마쓰高松에서 오카야마岡山駅로 넘어가는 마린 라이너マリンライナー 속에서 세토 대교와 바다를 바라보고 있자니, 시코쿠에서 성장통을 겪고 다시 도쿄로 돌아가는 카프카 소년의 마음이 조금 느껴지는 듯했다.

오카야마에서 바로 도쿄로 가지 않고, 《해변의 카프카》의 나카타 노인이 거주했던 히로시마에 들러 보기로 했다. 2011년 하루키는 스페인의 카탈로니아 자치 정부에서 주관하는 카탈로니아 국제상을 수상했는데, 당시 수상 연설에서 자국의 핵 발전에 대해 비판하는 연설로 많은 화제를 불러일으키기도 했다. 최근에는 도호쿠東北 지진으로 인한 방사능 누출 사건에 대해 정치계를 강하게 비판한 미공개 인터뷰가 알려지기도 해서 세간의 관심을 받고 있다.
카탈로니아 국제상 수상 연설에서는 히로시마 평화 기념 공원에 대해서도 언급하였기에, 나카타 노인의 고향이기도 한 히로시마広島에 가 보고 싶어졌다.

당초 계획에는 없었으나 오카야마에서 1시간 거리이고, 여러 번 사용해도 닳지 않는 JR 패스도 사용할 겸 히로시마행을 결정했다. (JR 패스로는 신형 신칸센인 노조미호와 미즈호호는 탑승하지 못한다.) 히로시마는 고치와 마찬가지로 히로시마 역을 중심으로 전차가 잘 정비되어 있었다. 히로시마 역에 도착해 150엔을 지불하고 전차에 올라 원폭 돔으로 향했다. 날이 쾌청해 며칠 만에 선글라스를 꺼내 들었다.

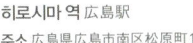
히로시마 역 広島駅
주소 広島県広島市南区松原町1

과오를 반성하는 의미로 남겨둔
원폭 돔

히로시마 역에서 전차를 타고 몇 정거장 가서 겐바쿠돔마에 정류장에 내렸다. 횡단보도를 건너자마자 폭격을 받은 모습 그대로 보존되고 있는 건물이 보였다. 이 건물은 인류가 다시는 되풀이해서는 안 될 일이라는 이유로 1996년 유네스코 세계문화유산으로 지정되었다.

이 원폭 돔은 과거의 잘못을 다시는 범하지 않겠다는 의미로 후손을 위한 교육 자료로 남겨 둔 것으로, 피폭된 상태 그대로 보존되고 있다. 건물 자체는 분명히 흉물스럽지만 그 의미를 되새겨볼 때는 굉장히 아름다운 건물이었다.

이런 역사적인 과오를 겪은 국가에서 다시금 핵 발전에 많은 부분 의지하고 있다는 사실을 하루키는 이해할 수 없다고 최근 인터뷰에서 계속해서 이야기하고 있다. 따라서 이와 관련된 하루키의 다음 행보에 대해서도 계속 관심이 집중된다.

원폭 돔 原爆ドーム
주소 広島県広島市中区大手町1-10
위치 겐바쿠돔마에(昭原爆ドーム前) 역에서 횡단보도를 건너면 바로

원폭 피해자를 추모하는
히로시마 평화 기념 공원

원폭 돔을 지나 공원 안쪽으로 계속 걸어가 보았다. 평화 기념 공원답게 많은 사람들이 강둑에 앉아 여유로운 시간을 즐기고 있었다.
원폭 평화 기념 공원의 중앙에는 원폭으로 희생된 사람들의 영혼을 기리는 기념비가 있고 그 속에서는 햇불이 계속 타오르고 있다. 햇불의 맞은편에는 위령비가 있고 '다시는 과오를 반복하지 않겠다'라는 문구가 새겨져 있다. 위령비와 원폭 돔은 일직선상으로 놓여 있어 위령비의 안쪽으로 멀리 원폭 돔이 보인다.
추모비 앞에서는 할아버지, 할머니들이 묵념을 하는 모습도 볼 수 있었다. 만감이 교차하는 여정이었다. 공원 내에는 원폭 당시 희생된 한국인 희생자 2만 명을 기리는 기념비도 따로 마련되어 있다. 다시는 이런 일이 일어나지 않기를 바랄 뿐이다.

히로시마 평화 기념 공원
広島平和記念公園
주소 広島県広島市中区中島町1
전화 82-504-2390
홈페이지 hiroshima.lg.jp

Travel Note

히로시마 평화 기념 공원을 둘러보고 다시 히로시마 역으로 돌아왔다. 평화로운 강가에 앉아 커피 한 잔 마실 여유조차 없이 돌아온 것이 못내 아쉬웠다. 히로시마 역에서 도쿄로 가는 길에는 묻어 도시락과 함께 신칸센 히카리호를 타고, 드디어 도쿄로 올라왔다.

평화 기념 공원에서의 인상이 쉬이 지워지지 않은 채 다소 무거운 발걸음으로 도쿄 역에 도착했는데, 역을 나와서 2년만에 본 도쿄의 야경은 무거웠던 마음을 잊게 하기에 충분했다. 도쿄 역은 새단장을 해서 한껏 더 멋있고 웅장해 보였다. 이제 도쿄다. 파인딩 하루키 여정의 가장 많은 일정을 차지하는 도쿄 편이 시작된 것이다. 하루키의 대학 시절부터 《1Q84》의 많은 장소들까지 하루키의 흔적과 함께 하루키도 꼭 찾고야 말겠다 다짐해 본다.

1주일간 도쿄에서 묵을 숙소는 도쿄 중심부의 북쪽에 위치한 다카시마다이라 역 앞의 게스트 하우스였다. 도쿄 메트로 미타 선의 거의 끝 역이다. 여행 경비를 최대한 절약하기 위해 가장 저렴한 가격순으로 게스트 하우스를 검색하다가 예약한 곳이다.

시내에서는 멀지만 규모도 큰 편이고, 도쿄에 머문 1주일 동안 나 혼자 넓은 다인실 룸을 사용하는 호사를 누렸다. 다행히 도쿄에서의 일정도 만만치 않아, 심심하거나 외로울 틈도 없었다.

도쿄의 게스트 하우스에서 오늘의 일정을 마무리하고, 내일부터 시작될 본격적인 도쿄 일정을 정리하며 맥주 한 캔을 마셨다. 도쿄에서는 하루키의 어떤 흔적들이 나타날까 기대가 되는 밤이다.

하루키 인터뷰

핵 발전에 대한 비판의 목소리

하루키는 2011년 카탈로니아 국제상 수상 연설에서 자국의 핵 발전에 대해 강한 어조로 비판하며, 핵 발전 없이도 불편함 없이 지낼 수 있을 것이라는 의견을 표출했다. 이는 무력 공격에 대한 이스라엘을 비판한 예루살렘상 수상 연설에 이어 하루키의 작가 인생에 있어 또 하나의 전환점이 될 수 있는 중요한 연설이라고 할 수 있다.

우리는 더 나은 세상을 위해 꿈꾸기를 두려워해서는 안 됩니다. 핵 발전과 같은 효율과 편의가 꿈꾸는 것을 방해해서는 안 됩니다. 우리는 '비현실적인 몽상가'가 사라지게 해서는 안 됩니다. 꿈꾸는 것은 소설가의 몫입니다. 그리고 더 중요한 것은 그 꿈을 나누는 것입니다. 그것을 공유하지 않고서는 작가라고 할 수 없습니다.

- 2011년 카탈로니아 수상 연설 중에서

원자력을 포기하고, 새롭게 다시 일어나야 한다고 생각해요. 제가 자신 있게 주장하는 바입니다. 지금 일본 정부를 보면 원자력을 포기해 더 나은 세계로 나아갈 수 있는 절호의 기회를 슬그머니 닫아 버리려 하고 있어요. 큰 문제가 아닐 수 없습니다.

- 2014년 네덜란드 일간지 〈NRC〉 인터뷰 중에서

노벨상에 대해

하루키는 매년 노벨문학상 후보로도 거론되고 있다. 이에 하루키의 수상을 바라는 팬들이 많은데, 하루키는 최근 '프랭크 오코너 국제 단편상'이나 '아사히상', '아테네 외국문학상' 등을 수상하기도 했지만 그런 수상과 명성을 즐기지는 않는다.

노벨상 시즌이 끝나 마음이 편합니다. 영국의 한 집요한 기자가 귀찮게 해서 많이 지쳐 있었거든요. 하지만 앨리스 먼로 작가의 수상은 정말 기뻤어요. 최근 제가 그녀의 단편을 번역하기도 했거든요. 정말 재미있는 작품이에요.

- 2014년 네덜란드 일간지 〈NRC〉 인터뷰 중에서

노벨문학상의 후보가 되었다는 이야기를 들었을 때는 매우 불편하고 불안한 심정이었죠. 저는 제 자신 안의 독자를 가지고 있어요. 저는 제가 쓰는 글을 통해서만 살아갈 수 있어요. 그 어떤 상도 필요치 않아요. '좋은 독자'들만이 저에게 주어지는 상이 될 수 있습니다. 저는 그 밖에 다른 것을 생각할 수 없습니다.

- 2011년 하와이 칼로에 대학 인터뷰 중에서

Finding Haruki
{ 시코쿠에서 즐기는 우동 순례 }

《하루키의 여행법》에서 소개한 시코쿠 우동 순례길을 따라가 보자. 우동집들은 대개 대중교통으로는 찾아가기 힘든 곳에 있으므로, 차를 렌트해서 가는 것이 좋다. 다카마쓰 역 주변에 렌트카 업체가 많고, 가장 저렴한 곳은 4천 엔부터 시작한다. 주변에 주유소도 있어서 반납 시 연료를 채우기에도 편리하다.

 오전

나카무라 우동
p.162

또는

가모 우동
p.164

고토히라 궁
p.166

작은 마을의 소박한 우동집

쫄깃하고 담백한 진짜배기 우동집

바다를 수호하는 해신을 모신 신사

오후

야마시타 우동
p.172

세토 대교
p.178

하루키의 사인이 있는 맛있는 우동집

멋진 풍경을 자랑하는 시코쿠의 관문

Finding Haruki
{ 해변의 카프카를 찾아서 }

《해변의 카프카》에 등장하는 인물들은 시코쿠의 다카마쓰에서 접점을 갖게 된다. 그들의 흔적을 살펴볼 수 있는 장소를 찾아가 보자. 소설을 재구성해 가는 재미를 느껴 볼 수 있다.

고치
p.150

오시마 상의 산 속 오두막이 있는 곳

가쓰라하마 해변
p.152

탁 트인 바다를 배경으로 료마 동상을 볼 수 있는 해변

세토 대교
p.178

멋진 풍경을 자랑하는 시코쿠의 관문

KFC 다카마쓰
p.179

커넬 샌더스 대령과 마주할 수 있는 곳

사쿠라의 집
p.149

로손 편의점 뒷골목에서 우연히 마주친 사쿠라의 2층 집

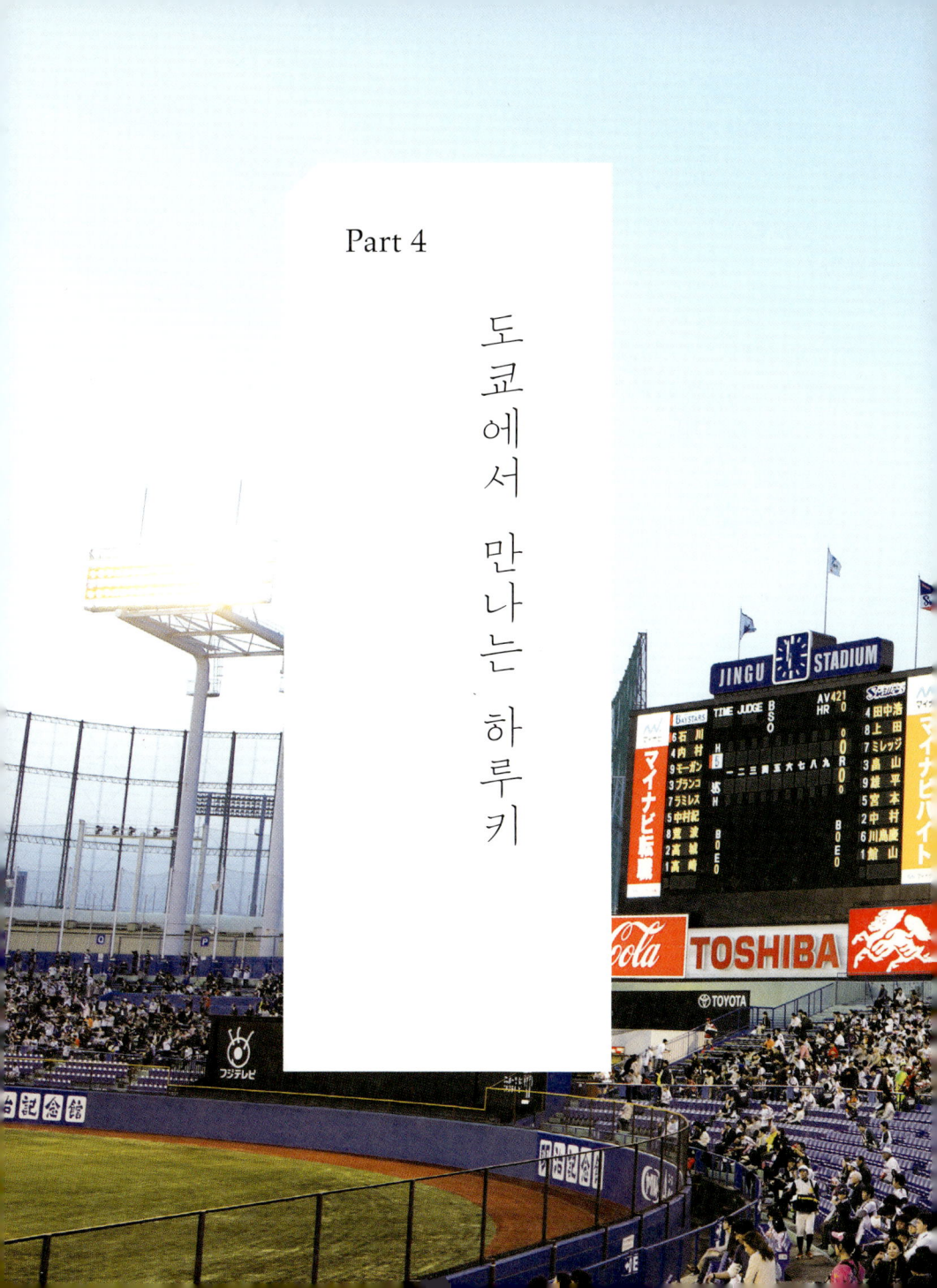

Part 4

도쿄에서 만나는 하루키

'파인딩 하루키' 여정도 어느덧 중반을 향해 가고 있다. 한신칸과 교토, 효고 현, 시코쿠를 거치면서 하루키의 흔적들을 찾아보았다. 이제부터 펼쳐질 후반의 여정에는 도쿄東京와 홋카이도北海道가 기다리고 있다.

도쿄에서는 하루키의 대학 시절, 작가 데뷔 전 생활 지역과 근작 《1Q84》를 포함한 주요 작품에 등장하는 장소들, 그리고 하루키의 옛 사무실과 자택까지 모두 찾아 나선다. 도쿄를 거점으로 하지만 어느 곳에도 국한되지 않고 속하지 않는 '세계 시민'으로서 자신만의 작품 활동을 계속하고 있는 하루키의 스펙터클한 모험에 함께 동참해 볼 수 있다.

하루키의 문학을 한마디로 표현하자면 '자아를 찾는 소설'이라고 할 수 있다. '나'라는 존재의 이유에 대해 끊임없이 탐구하고 그 가치를 증명하기 위해 하루키는 오늘도 심연의 지하 세계로 내려간다. 그동안 인터뷰에서도 볼 수 있듯이, 그는 작품 속 주인공들이 무언가를 상실한 상태에서 그것을 찾아나서면서 이야기가 시작되도록 구성한다.

근작 《1Q84》2009~2010에서는 주인공 덴고와 아오마메가 서로를 찾아 헤매고, 《색채가 없는 다자키 쓰쿠루와 그가 순례를 떠난 해》色彩を持たない多崎つくると、彼の巡礼の年, 2013에서는 절교 당한 옛 친구들을 찾아가며 이야기가 진행된다.

하루키가 말하는 우물, 입구의 돌, 비상계단은 모두 개개인의 존재를 탐구하기 위해 다른 세계로 향하는 장치다. 도쿄를 배경으로 펼쳐지는 하루키 작품 속 주인공들의 무대는 어떤 모습으로 존재하고 있을까. 하루키는 그들을 어떻게 담아냈을까? 나는 무언가를 찾아 헤매는 그의 작품 속 주인공이 되어 '파인딩 하루키' 여정을 계속 이어 간다.

하루키의 작품에서 배경으로 자주 등장하는 도쿄는 찾아갈 곳이 많아 일주일의 일정을 계획해 두었다. 한신칸과 교토, 효고 현, 시코쿠 등 이전의 '파인딩 하루키' 여정은 모두 여정의 순서에 따라 진행되었는데, 도쿄에서의 일부 일정은 하루키의 작품별로 장소를 재배치했다. 도쿄에서는 가 봐야 할 곳도 많고 지역도 광범위해 실제로 움직였던 '파인딩 하루키' 여정을 따라가기에는 시간적인 제약이 있기 때문이다.

하루키의 작품별로 하루는 《노르웨이의 숲》을 따라, 또 하루는 《1Q84》를 따라 가볍게 도쿄 산책을 해 보자. 소설 속의 장소가 눈앞에 펼쳐질 때 주위의 공기가 소설 속의 장면들로 점차 물들어 가는 멋진 경험을 하게 될 것이다.

도쿄와 근교

❶ 후타마타오 역
주소 東京都青梅市二俣尾4-1074

❷ 지쿠라 역
주소 千葉県南房総市千倉町瀬戸2079

❸ 홈메이드 카레
주소 도쿄 역 마루노우치 출구 남북 통로(북쪽 개찰구 근처)

❹ 고호쿠 휴게소
주소 神奈川県横浜市緑区北八朔町2160
위치 도큐덴엔도시센(東急田園都市線) 아오바다이 역(青葉台駅)에서 14km(역 앞 버스 플랫폼 11번에서 青82번 버스 탑승, 15분쯤 후 지구사다이(千草台) 정류장에서 하차 후 도보 10분
전화 045-971-7551

❺ 후지카와 휴게소
주소 静岡県富士市岩渕1348-3
위치 JR 후지가와(富士川) 역에서 2.5km, 역 앞 버스 이용, 야마나시 고치(山梨タウンコーチ)에서 하차

도쿄 중심 지역 구분

고쿠분지 ~ 이노카시라 공원

- 구니타치 역 国立
- 니시코쿠분지 역 西国分寺
- 고쿠분지 역 国分寺
- 무사시코가네이 역 武蔵小金井
- 히가시코가네이 역 東小金井
- 무사시사카이 역 武蔵境
- 키치죠지 역 吉祥寺
- 이노카시라온시 공원 井の頭恩賜公園
- ICU 대학 国際基督教大学

❶ 오쿠라 호텔 도쿄
주소 東京都港区虎ノ門 2-10-4
위치 롯본기 잇초메(六本木一丁目) 역에서 도보 10분

❷ 일본 근대 문학관
주소 東京都目黒区駒場 4-3-55
홈페이지 www.bungakukan.or.jp

❸ 분단 카페
주소 東京都目黒区駒場 4-3-55 日本近代文学館
위치 도쿄 메트로 요요기우에하라(代々木上原) 역 남쪽 출구에서 도보 10분
시간 09:30~16:30
휴일 월, 일요일, 매주 4째 주 목요일
전화 03-6407-0554

2km

도쿄에서 맞는 대학 생활의 시작

도쿄(1)
하루키의 대학 시절 : 와세다 대학

하루키는 고향인 아시야 시의 우치데 도서관에 다니며 재수를 하고, 1968년 4월 도쿄로 올라와 와세다 대학 제1문학부 영화연극과에 입학한다. 당시 연극과는 연기를 공부하는 학생과 영화 제작을 희망하는 학과로 나뉘었다고 한다. 하루키는 영화 제작에 관심이 있었고, 논문도 〈헐리우드 영화를 통해 본 여행의 계보〉라는 주제를 택했다.

그러나 하루키가 대학에 입학한 그 이듬해 초부터 전공투 1960년대 말의 학생 운동 열기가 드세졌고, 무리를 이루거나 단체 행동을 꺼려 했던 하루키는 신주쿠의 재즈 바나 영화관에서 많은 시간을 보냈다.

하루키는 이때의 경험을 《노르웨이의 숲》에서 묘사했고, 훗날 전공투 세대가 언제 그랬냐는 듯이 소위 말하는 대기업에 속속 취업하는 모습을 보고 나름의 상실감을 느꼈을지도 모른다. 그래서인지 하루키는 대학 재학 시절에 결혼을 하고 재즈 카페 피터캣을 운영하면서 7년간 학교를 다녔다.

2007년 처음 일본을 방문했을 때, 막연히 하루키의 팬으로서 그의 모교에 가 보고 싶다는 생각에 와세다 대학을 방문했었다. 8월 한여름의 짙은 녹음이 온 학교를 감싸고 있었다.

다시 찾은 와세다 대학은 4월 개강을 앞두고 신입생들과 동아리 부원을 모집하는 학생들로 다소 붐볐다. 곧 시작될 대학 생활의 설렘과 젊은 열기가 꿈틀거리는 듯했다. 처음 이곳에 왔을 때는 대학의 본관만 보고 갔었는데, 이번에는 하루키가 수학한 문학부가 있는 도야마 캠퍼스까지 모두 둘러보기로 했다.

MAP
와세다 대학 주변

❶ 와세다 역
주소 東京都新宿区西早稲田1-23
위치 도덴 아라카와센(都電荒川線) 와세다 역

❷ 와세다 대학
주소 東京都新宿区戸塚町1-104
위치 도덴 아라카와센(都電荒川線) 와세다 역에서 내려 도보로 약 10분 **홈페이지** www.waseda.jp

❸ 와세다 대학 도야마 캠퍼스
주소 東京都新宿区戸山1-24-1
위치 와세다 대학 정문에서 5분 거리
홈페이지 www.waseda.jp/jp/campus/toyama.html

❹ 밀크홀
주소 東京都新宿区戸塚町1-104 캠퍼스
시간 월~금 09:30~22:00, 토 09:30~17:00

❺ 쓰보우치 연극 박물관
주소 東京都新宿区西早稲田1-6-1
시간 10:00~17:00, 화·금 10:00~19:00
휴관 방학 중 8, 9, 2월은 휴관이며, 학교 축제 일정에 따라 변동
전화 03-5286-1829
홈페이지 www.waseda.jp/enpaku/

❻ 산조안
주소 新宿区馬場下町62 **전화** 03-3203-6218
위치 도쿄 메트로 와세다(早稲田) 역에서 도보 1분
시간 10:30~품절 시까지 **휴일** 매주 목요일

❼ 와케이 기숙사
주소 東京都文京区目白台1-21-2
위치 도덴 아라카와센(都電荒川線) 와세다 역에서 도보 10분

❽ 산세이도 서점(진보초점)
주소 東京都千代田区神田神保町1-1
위치 진보초(神保町) 역에서 A7 출구에서 도보 3분
시간 10:00~20:00 **전화** 03-3323-3312

⑨ 세이신도 서점
주소 東京都千代田区神田神保町2-24
위치 진보초 A4 출구에서 도보 3분
시간 10:00~18:30 휴일 일요일, 공휴일 전화 03-3262-5947

⑩ 이모야
주소 東京都千代田区神田神保町2-16
위치 진보초 역 A4 출구 도보 3분 시간 11:00~20:00
휴무 일요일, 공휴일 전화 03-3261-6247

노면 전차 도덴 아라카와센을 타고 가는
와세다 역

와세다^{早稲田} 역과 미노와바시^{三ノ輪橋} 역까지 13km의 거리를 운행하는, 도쿄에 남아 있는 마지막 노면 전차 중 하나인 도덴 아라카와센^{都電荒川線}을 타고 와세다 역으로 향했다. 노면 전차는 기본 160엔으로 노선의 끝에서 끝까지 갈 수 있다. 하지만 중간중간 전차에서 내려 주변을 둘러보고자 한다면 400엔짜리 1일 승차권을 구입하는 것이 좋다.

도덴 아라카와센의 와세다 역은 하루키의 초기 3부작 《양을 쫓는 모험》에서 등장한다. 주인공 '나'가 '누구와도 잠을 자는 여자아이'의 장례를 치르기 위해 역으로 가는 장면으로 이야기가 시작한다.

하루키 팬에게 있어 와세다 역은, 바로 이 도덴 아라카와센의 와세다 역을 뜻하는 만큼 이 노면 전차가 사라지지 않고 계속 운행했으면 좋겠다. 노면 전차를 타고 번화가를 벗어나 도쿄의 숨은 매력을 찾아 보는 것도 색다른 여행을 즐기는 멋진 방법이 될 것이다.

와세다 역 早稲田駅
주소 東京都新宿区西早稲田1-23
위치 도덴 아라카와센(都電荒川線) 와세다 역

도쿄 사립대학의 명문
와세다 대학

와세다 대학은 일본 최고의 사립 명문 대학으로, 크게 오쿠마 강당과 쓰보우치 연극 박물관이 있는 와세다 대학 본관, 문학부가 있는 도야마 캠퍼스, 그리고 이공학부가 있는 니시 와세다 대학으로 나뉜다.
본관 중앙 진입로 한쪽은 공사 중이었는데, 공사장 외벽에 와세다 대학의 풍경 그림들을 전시해 놓았다. 그림으로 그려진 대학의 안내도를 보며 내가 가야 할 곳을 찾아 보았다. 하루키가 수학한 문학부는 와세다 대학 정문에서 도보로 5분 거리에 있는 도야마 캠퍼스에 있었다.

와세다 대학 早稲田大学
주소 東京都新宿区戸塚町 1-104
위치 도덴 아라카와센(都電荒川線) 와세다 역에서 내려 도보로 10분
홈페이지 www.waseda.jp

하루키는 와세다 대학 시절에도 학업에 충실한 학생은 아니었을 것이다. 학교는 7년만인 1975년에 졸업했고, 1971년에 부인 다카하시 요코와 결혼하고 재즈 카페 피터캣도 열었으니 말이다. 대학 신입생 시절, 대학 노트를 들고 교정을 거닐었을 청년 하루키를 상상하며 도야마 캠퍼스로 향했다.

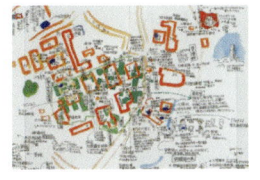

도쿄에서의 첫 생활을 시작한
와세다 대학 도야마 캠퍼스

막 개강한 4월의 도야마戶山 캠퍼스에서는 동아리 부원을 모집하는 선배들이 피켓을 들고 나와 춤을 추며 노래를 부르고 있었다. 도야마 캠퍼스로 가는 길에는 와세다 대학의 창립자 오쿠마 시게노부大隈重信의 동상이 세워져 있다.

최근 와세다 대학은 캠퍼스 일부가 새롭게 단장되어 하루키가 수학할 당시의 모습 그대로는 아니다. 하지만 강의동과 학생회관, 운동장 등 하루키가 무려 7년이나 공부한 학교를 두루두루 살펴보는 것만으로도 가슴이 뿌듯했다. 건물 공사로 인해 문학부 본연의 모습을 보지는 못했지만, 벚꽃이 피기 시작하는 아름답고 여유로운 캠퍼스를 천천히 걸어 볼 수 있었다.

교정의 여기저기에는 답사를 온 것으로 보이는 학생들과 학부모, 무리를 이끌고 안내하는 선생님들이 많이 보였다. 곧 학생들로 북적거릴 캠퍼스의 모습을 상상하니 내 심장박동도 덩달아 빨라지기 시작했다.

와세다 대학 도야마 캠퍼스
早稲田大学戸山キャンパス

주소 東京都新宿区戸山1-24-1
위치 와세다 대학 정문에서 5분 거리
홈페이지 www.waseda.jp/jp/campus/toyama.html

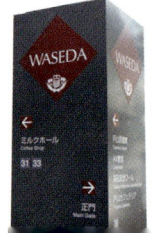

하루키가 7년 동안 생활한
와세다 대학 문학부 강의실

하루키가 강의를 들었을 문학부 강의실에도 가 보았다. 강의실은 비어 있었지만, 강의에는 별 관심이 없었을 것 같은 시크한 하루키의 모습을 상상하니 웃음이 났다. 캠퍼스에는 벚꽃이 흐드러지게 피기 시작해 몇 번이나 멋진 장면을 보여 주었다.

제1문학부가 있는 캠퍼스로 향하면서 가장 먼저 눈에 띈 것은 하루키의 초기작에 종종 등장했던 곳으로, 주인공 '나'가 여자친구들과 시간을 보내던 학교 라운지 '밀크홀ミルクホール'이다. 《양을 쫓는 모험》羊をめぐる冒険, 1982에서는 주인공이 여자친구와 학교 라운지에서 텔레비전을 보는 장면이 등장하는데, 그 장소가 이곳 밀크홀이었지 않을까 생각해 보았다.

소설 속에 묘사된 학교는 ICU 대학이지만, 이곳 와세다 대학 밀크홀에서의 추억도 반영되지 않았을까 싶다. 아쉽게도 밀크홀은 새단장 중이어서 들어가서 음료를 맛보지는 못했다.

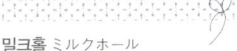

밀크홀 ミルクホール
주소 東京都新宿区戸塚町1-104キャンパス
시간 월~금 09:30~22:00, 토 09:30~17:00
메뉴 요금
도시락 380~500엔, 빵 50~200엔

고무라 도서관의 실제 모델
쓰보우치 연극 박물관

문학부 건물에서 다시 본관의 쓰보우치 연극 박물관坪內博士記念演劇博物館 으로 천천히 걸었다. 대학 시절 영화와 연극을 공부하며 시나리오 작가의 꿈을 꾸기도 했던 하루키는 쓰보우치 연극 박물관 1층 열람실에서 시나리오를 닥치는 대로 읽었다. 하루키는 〈미국 영화에 있어서의 여행의 계보〉アメリカ映画における旅の系譜라는 제목으로 졸업 논문을 제출하기도 했다.

쓰보우치 연극 박물관은 《해변의 카프카》에서 중요한 장소로 등장하는 고무라 도서관의 실제 모델로, 외관과 내부 모두 고풍스러운 느낌을 풍긴다. 아무래도 하루키가 7년간 대학을 다니면서 머물렀던 곳이라 소설을 쓸 때 자연스레 영향을 끼쳤을 것이다.

입구로 들어가면 1층에 열람실이 있는데, 이곳이 하루키가 대학 시절 시나리오를 탐독하며 많은 시간을 보낸 장소다. 건물 2~3층까지는 연극의 역사에 대한 과거 작품들이 전시되어 있고, 3층에서는 마침 서울 대학로의 연극 문화에 대한 특별 전시를 하고 있었다.

쓰보우치 연극 박물관
坪內博士記念演劇博物館
주소 東京都新宿区西早稲田1-6-1
시간 10:00~17:00, 화·금 10:00~19:00
휴관 방학 중인 8, 9, 2월은 거의 휴관이며, 학교 축제 일정에 따라 변동된다.
전화 03-5286-1829
홈페이지 www.waseda.jp/enpaku

《해변의 카프카》에서 중요한 장소로 등장하는 고무라 도서관이 사실은 와세다 대학에 있었다는 것이, 마치 하루키 소설 속의 다른 세계로 통하는 관문을 발견한 느낌이었다.

하루키는 2007년 와세다 대학에서 주최하는 '쓰보우치 대상'의 제1회 수상자로 선정되기도 했는데, 와세다에서 제정한 상의 첫 수상이라는 의미가 컸다. 선정 이유로는 "현대 소설의 가능성을 보여 주었고, 특히 《언더그라운드》 등 논픽션 작품에서 압도적인 존재감을 보여 주었다. 또한 레이먼트 카버 전집, 팀 오브라이언 등의 훌륭한 번역으로 새로운 일본어를 구축했다."고 설명하고 있다.

도쿄의 시내에서 열린 시상식에 참가한 하루키는 쓰보우치 연극 박물관에서의 추억을 이야기했다. "와세다 학창 시절, 오래된 멋진 건물을 보고 쓰보우치 연극 박물관을 좋아하게 되었습니다. 혼자 가서 책이나 시나리오를 찾아 읽고 머릿속에서 영화를 구상해 보면서 마치 깨어 있는 꿈처럼 멋진 경험을 많이 했습니다."

카레 우동으로 유명한
산조안

산조안三朝庵은 도쿄 메트로 와세다 역 출구 근처에 위치해 있는 음식점으로, 1950년대부터 그 자리를 지켜 온 유명한 곳이다. 잠시 쉬어 갈 겸 산조안으로 들어가 천 엔짜리 정식을 주문했다. 소바와 튀김이 잘 어우러진 식사였다.

우연찮게 들른 곳에서 훌륭한 식사와 마주하자 맥주까지 한 잔 하고 싶었지만, 오늘의 남은 일정을 생각해 참기로 했다. 여행하는 동안 하루키처럼 하루의 마무리로 매일 같이 맥주를 한 캔씩 먹는 습관이 생겼는데, 도대체 술은 늘지 않으니 참으로 신기한 일이다.

이곳이 카레 우동으로 유명한 집이라는 것은 여행을 끝내고 돌아와서야 알게 되었다. '파인딩 하루키' 여정이 식도락 여행과는 동떨어진 여행이었기 때문이지만 카레 우동을 맛보지 못한 것이 아쉽기는 했다. 와세다에 간다면 산조안에 꼭 들러 보자. 가게 내부에는 와세다에 대한 각종 기념품과 역사를 알 수 있는 사진들도 있어 구경하는 재미도 있다.

산조안 三朝庵
주소 新宿区 馬場下町62
위치 도쿄 메트로 도자이센 와세다(무稲田) 역 3b 출구에서 도보 1분(출구 우측으로 100미터 정도 가서 횡단보도가 있는 모퉁이에서 우회전하면 바로)
시간 10:30~품절 시까지
휴일 매주 목요일
전화 03-3203-6218

하루키가 대학 초년 시절에 생활했던
와케이 기숙사

와세다 대학 정문에서 북쪽으로 올라가다 보면 국도가 나오고 국도를 지나 마을로 진입해 골목길을 조금만 걸어가면, 간다가와 神田川 강에 다다른다. 간다가와 강 주변은 도쿄 시민들이 산책 코스로 가장 사랑하는 곳으로, 도쿄의 동쪽 아사쿠사바시 浅草橋 다리까지 시내 주요 지역을 흐른다. 《노르웨이의 숲》에서 묘사되는 와타나베와 나오코의 산책길도 대부분 간다가와 강둑을 따라 진행된다.

간다가와 강 위에 놓인 작은 다리 고마쓰카바시 駒塚橋 다리를 건너면 와케이 和敬塾 기숙사로 향하는 계단길이 나온다. 와세다 대학 초년생 시절 하루키가 캠퍼스에서 기숙사까지 매일 걸어다녔던 길로, 높은 언덕 때문에 '심장이 터지는 언덕'이라 불리며 학생들에게 악명이 높다. 계단길을 걸어 올라가 숨을 돌려야 할 즈음 와케이 기숙사가 등장한다.

와케이 기숙사는 도쿄 소재의 대학이나 대학원에 다니는 남학생들만 기거하는 기숙사다. 하루키는 와세다에 입학하고 얼마 지나지 않아 이

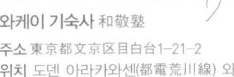

와케이 기숙사 和敬塾
주소 東京都文京区目白台1-21-2
위치 도덴 아라카와센(都電荒川線) 와세다 역에서 도보 10분

기숙사로 이사를 오게 된다. 그러나 통제된 기숙사 생활에 염증을 느껴 얼마 가지 못하고 기숙사를 나온다.

사실 하루키는 이곳에서 대학 초년생의 자유 분방한 생활로 친구들과 어울려 술을 먹다가 매번 만취해서 친구들에 의해 실려 오곤 했다고 한다. 그래서 규율이 엄격한 이곳에서 나올 수밖에 없게 되지 않았을까 하는 것이 가능성 높은 추측이다.

《노르웨이의 숲》에는 와케이 기숙사에서 생활했던 하루키의 경험이 고스란히 드러나 있다. 주인공 와타나베가 머물고 있는 학교 기숙사로 등장하는데, 규율이 통제되고 억압되어 있어 자유로움을 추구하는 와타나베와는 맞지 않는 곳으로 묘사된다.

학기가 시작되기 전의 기숙사는 한적한 편이어서 나 홀로 여행자에게는 더없이 좋은 풍경을 선사하고 있었다. 마치 비밀의 정원처럼 숲이 우거진 곳을 지나면 곧이어 《노르웨이의 숲》에서 묘사했던 유명한 우익 인사일지도 모르는 설립자의 동상이 있고, 국기 게양대도 여전히

그 자리에서 위용을 드러내고 있다.

기숙사 각 방의 테라스에는 해먹도 걸려 있고, 록 음악도 간간이 흘러나왔다. 하루키가 생활했던 시절 만큼의 통제된 생활은 많이 사라지지 않았을까 싶었다. 하지만 기숙사 안의 학생들이 누구라도 만나면 '오 쓰ぉす: 젊은 남자들 사이에서 간단한 인사로 통하는 말. 아침 인사인 오하이오 고자이마스(おはようございます)의 줄임말' 하고 힘찬 인사를 건네는 모습을 보면, 자유로워졌지만 전통은 유지되고 있는 듯했다. 와케이 기숙사생들만의 오래도록 내려오는 규율 같은 것일까? 카메라를 둘러메고 아이패드를 보며 기숙사 이곳저곳을 두리번거리는 나에게도 그들은 인사를 건넸다.

목인사로 답례를 하고 기숙사의 반대편 문으로 나와, 진보초 고서점가로 가기 위해 다시 도쿄 메트로 와세다 역으로 향했다.

하루키가 즐겨 이용했던
산세이도 서점

와세다 역에서 도쿄 메트로를 타고 진보초 고서점가로 이동했다. 하루키는 어린 시절부터 책 읽기를 좋아해 수많은 미국 문학을 탐독했는데, 한신칸에서 고베 항의 외국 선원들로부터 구할 수 있던 서적들을 도쿄에서는 진보초神保町의 고서점가가 대신해 주었다.

진보초 고서점가에는 하루키가 자주 가던 산세이도 서점三省堂書店이 있다. 산세이도 서점에는 큰 대자보로 하루키의 신작에 대한 홍보 문구가 걸려 있었다. 이곳을 방문했을 때가 하루키의 신작《색채가 없는 다자키 쓰쿠루와 그가 순례를 떠난 해》의 발간을 1주일 정도 앞둔 시점이었다.

중·고등학교 시절 하루키의 외국 문학에 대한 욕구를 해소해 주었던 고베 항의 기억을 옮겨 온 진보초 고서점가는 '파인딩 하루키' 여정에 서도 빼놓을 수 없는 곳이다.

산세이도 서점(진보초점)
三省堂書店(神保町)
주소 東京都千代田区神田神保町1-1
위치 진보초(神保町) 역 A7 출구에서 도보 3분
시간 10:00〜20:00
전화 03-3323-3312

영화 〈카페 뤼미에르〉에 등장하는
세이신도 서점

시간을 들여서 고서점가가 몰려 있는 진보초 역의 동쪽 지역을 둘러 보고, 영화 〈카페 뤼미에르〉Coffee Jikou, 2003에 등장하는 세이신도 서점誠心堂書店에도 가 보기로 했다. 극중 아사노 다다노부浅野忠信가 근무하는 곳으로 영화를 본 사람이라면 한 번쯤은 가 보고 싶은 곳이다.

세이신도 서점은 산세이도와는 달리 고서적만을 취급하는 고서점으로, 책 가격이 최소 10만 엔부터 시작한다. 조심스레 안으로 들어가 보니 서점 안쪽에 아사노 다다노부(극중 하지메)가 앉아 있었던 영화 속 장면이 그려졌다. 주인 아주머니의 양해를 구하고 영화 속 구도로 사진을 찍어 보았다.

영화 속에서 커피를 배달해 주던 카페 에리카エリカ도 주변에 있었는데, 영화에 출연했던 주인 아저씨는 3년 전에 돌아가시고, 이후 가게는 아직 그 모습을 그대로 간직하고는 있으나 영업은 하지 않고 있는 상황이라고 한다. 누군가 카페 영업을 이어 가지 못한 상황이 못내 아쉬웠다.

세이신도 서점 誠心堂書店
주소 東京都千代田区神田神保町2-24
위치 진보초(神保町) 역 A4 출구에서 도보 3분
시간 10:00~18:30
휴일 일요일, 공휴일
전화 03-3262-5947

영화에도 등장한 튀김 정식집
이모야

카페 에리카의 아쉬움을 뒤로하고, 역시 영화 〈카페 뤼미에르〉에 등장한 튀김 정식집 이모야いもや에서 650엔짜리 덴푸라 정식을 먹었다. 모시조개가 들어 있는 미소국과 밥, 녹차, 새우튀김이 포함된 튀김들이 나왔다. 단무지는 원하는 만큼 덜어 먹으면 된다.

가게에 들어가자마자 '이랏샤이마세어서오세요'를 크게 외치는 젊은 청년과 주인 할아버지가 맞아 주었다. 가게에 들어갈 때는 손님이 한 명도 없는 상태였는데 곧이어 기다렸다는 듯이 단골로 보이는 듯한 사람들이 우루루 들어왔다.

손님이 맛있게 먹고 나갈 때까지 할아버지는 연신 '아리가토 고자이마스감사합니다'를 외치며 끝까지 배웅해 주었다. 미소국의 마지막 한 모금까지 알찬 식사였다. 비가 내려 다소 피곤했는데 다시 온기와 힘을 가득 얻게 해 준 알찬 식사였다.

이모야 いもや
주소 東京都千代田区神田神保町2-16
위치 진보초 역 A4 출구에서 도보 3분
시간 11:00～20:00
휴무 일요일, 공휴일
전화 03-3261-6247

Travel Note

슈쿠와 지하철, 거리를 걷는 사람들, 늦은 시간 술에 취한 사람들의 모습이 마치 이곳에 오래도록 살았던 사람처럼 적응이 되었다. '사람 사는 곳은 어디나 같다' 라는 표현밖에 달리 할 말이 없을 만큼 익숙한 모습 그대로였다.

슈쿠로 돌아올 때 역 앞 편의점에서 다음날 아침에 먹을 샐러드와 도시락, 슈쿠에 들어가 마실 캔맥주와 콩요리 팩(100엔) 또는 자그마한 롤케이크 등을 사는 나의 모습에서 이곳에서 살아가는 사람들과 다르지 않음을 느낄 수 있었다. 호텔에서는 경험할 수 없는 느낌이지 않을까 싶었다. 그런 면에서 여행 중에는 호텔이 아닌 게스트 하우스에서도 묵어 보기를 추천한다.

2층 침대가 3개 놓여 있는 게스트 하우스의 넓은 방을 혼자 쓰려니 조금은 황송한 기분으로 도쿄에서의 첫날을 마무리한다.

패기 넘치는 피터캣 시절의 청년 하루키

도쿄(2)
삶의 흔적이 녹아 있는 주오센

JR 주오센中央線은 하루키에게는(하루키 세대 대다수의 일본 사람들이 그럴 것이라는 생각도 들지만) 많은 추억과 삶의 흔적이 녹아 있는 곳이다.
하루키가 결혼 후 처음 재즈 카페 '피터캣'을 오픈한 고쿠분지国分寺부터, 당시 여자친구와의 추억이 있는 미타카三鷹와 ICU 대학, 작중 배경이 된 고엔지高円寺와 기치조지吉祥寺의 이노카시라 공원井の頭公園, 두 번째 오픈한 '피터캣'이 있던 센다가야千駄ヶ谷 지역 등 많은 곳들이 이 JR 주오센을 중심으로 이루어진다.
그리고 최근작 《색채가 없는 다자키 쓰쿠루와 그

가 순례를 떠난 해》에서도 주오센이 등장하는데, 주인공인 다자키 쓰쿠루가 생각이 잘 풀리지 않을 때, 주오센의 플랫폼에 앉아 지하철에 타고 내리는 사람들을 바라보며 생각을 정리하곤 한다.

주오센의 요쓰야 역은 《노르웨이의 숲》에서 와타나베와 나오코가 우연히 만나 소설에서 극적 전개를 이루는 곳이다. 와타나베는 '요스야 역에서 나오코를 만나지 않았더라면'이라고 생각하다가 다시금 생각을 고쳐 '그때 만나지 않았더라도 언젠가는 다시 만났을 것'이라고 생각한다.

하루키의 많은 주인공들이 만나고 걷고 마시고 이야기를 나누는 JR 주오센은 심지어 그 색깔마저 주황색으로 내가 가장 좋아하는 색이다. 오늘의 '파인딩 하루키' 여정은 주오센을 따라가며 곳곳에 숨어 있는 하루키의 작가 데뷔 이전 도쿄 생활의 장소들을 찾아가 본다.

주오센 주변 MAP

❶ 고쿠분지 역
주소 東京都国分寺市本町2

❷ 고쿠분지 피터캣
주소 日本東京都国分寺市南町2-10 (B1)
위치 고쿠분지 역 남쪽 출구에서 동쪽 방향으로 600미터

❸ 도노가야토 공원
주소 東京都国分寺市南町2-16
위치 고쿠분지 역 남쪽 출구에서 동쪽 방향으로 300미터

❹ ICU 국제 기독 대학
주소 東京都三鷹市大沢3-10-2
위치 JR 미타카(三鷹) 역에서 남쪽 출구로 나가 51번 버스 종점 오다큐(小田急)에서 하차(약 20분 소요)
학생 식당 운영 평일 09:00~18:00, 토 10:30~14:00, 일 휴무

❺ 이노카시라 공원
주소 東京都武蔵野市御殿山1-18-31
위치 기치조지(吉祥寺) 역에서 도보 8분

❻ 미타카의 숲 지브리 미술관
주소 東京都三鷹市下連雀1-1-83
위치 기치조지(吉祥寺) 역에서 도보 8분, 미타카 역에서 고양이 셔틀버스를 타고 약 5분
홈페이지 www.ghibli-museum.jp

❼ 센다가야 역
주소 東京都渋谷区千駄ヶ谷1-35-10

❽ 센다가야 피터캣
주소 東京都渋谷区千駄ヶ谷1-8
위치 센다가야역 남쪽 출구에서 도보 5분

❾ 니카 이발소
주소 東京都渋谷区千駄ヶ谷1-21-5
위치 센다가야역 남쪽 출구에서 도보 7분
시간 09:00~20:00 전화 03-3405-9168

❿ 진구 구장
주소 東京都新宿区霞ヶ丘町3 위치 센다가야(千駄ケ谷) 역에서 도보 10분, 가이엔마에(外苑前) 역에서 도보 5분
전화 03-3404-8999

하루키가 학창 시절 운영한 첫 번째 재즈 카페
고쿠분지 피터캣

하루키는 대학 재학 중인 1971년 아내 무라카미 요코와 결혼하고, 1974년 아내와 함께 고쿠분지 国分寺 지역에 재즈 카페 '피터캣'을 열었다. 하루키의 에세이에 따르면, 당시 부부가 모은 250만 엔과 요코 여사의 부모로부터 빌린 250만 엔을 합쳐서 비용을 마련했다고 한다. 하루키는 당시 그 정도의 돈이면 시내에서 조금 떨어진 고쿠분지에서 66m² 정도 넓이의 가게를 오픈할 수 있었다고 말한다. 그리고 당시 '피터캣' 주위에는 젊은 사람들이 오픈한 재미있는 가게가 많았다고 회상한다.

하루키는 센다가야 千駄ヶ谷로 자리를 옮기기 전 1977년까지 이곳에서 3년 동안 첫 번째 재즈 카페 '피터캣'를 운영한다. 하루키가 소설을 쓰기로 결심한 것은 진구 구장이 근처에 있는 두 번째 피터캣에서였고, 이곳 첫 번째 피터캣에서는 오로지 재즈를 틀어 놓고, 커피와 술과 샌드위치 등의 간단한 요리들을 선보이며, 인디 뮤지션의 공연 자리를 만들어 주기도 하는 등 무라카미 부부만의 즐거운 생활을 보냈다.

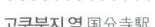

고쿠분지 역 国分寺駅
주소 東京都国分寺市本町2

고쿠분지 피터캣
(첫 번째 피터캣이 있던 자리)
주소 日本東京都国分寺市南町2-10 (B1)
위치 고쿠분지 역 남쪽 출구에서 동쪽 방향으로 600미터

첫 번째 피터캣은 고쿠분지 역 남쪽 출구로 나가서 왼쪽(동쪽)으로 언덕길을 내려가면 오거리 모퉁이에 위치하고 있다. 내려가는 길에 고즈넉한 공원도 있어 잠시 산책을 하기에도 좋다.

첫 번째 피터캣을 운영하던 당시, 근처 무사시노 미술 대학에 재학 중이던, 하루키의 거의 유일한 작가 친구라고 할 수 있는 무라카미 류도 이곳에 자주 찾아 왔다고 한다. 무라카미 류는 1976년 데뷔해서 신인 작가만 받을 수 있는 아쿠타가와상을 수상했다.

모르긴 몰라도 하루키가 글을 쓰기로 마음먹게 된 데에는 부시시한 머리로 피터캣에 와서 시간을 보내는 무라카미 류의 영향이 있지 않았을까 싶다. '이런 녀석도 글을 쓰고 상을 타는데 말야'라고 생각했을지도 모를 일이다.

도노가야토 공원 殿ケ谷戸公園
주소 東京都国分寺市南町 2-16
위치 고쿠분지 역 남쪽 출구에서 동쪽 방향으로 300미터

대학 시절 여자친구와의 추억이 어린
ICU 대학 캠퍼스

주오센 미타카三鷹 역에서 버스를 타면(210엔) ICU 대학 정문에 도착한다. 들어서자마자 고즈넉하고 예쁜 캠퍼스가 눈에 확 들어왔다. 학교는 휴일이라 한산했지만, 대학 내 예배당에서 행사가 막 끝났는지 교복을 입은 학생과 부모들이 우르르 쏟아져 나왔다. 견학 온 어린 단체 학생들도 눈에 띄었다.

ICU 대학 国際基督教大学
주소 東京都三鷹市大沢3-10-2
위치 JR 미타카(三鷹) 역에서 남쪽 출구로 나가 51번 버스 종점에서 오다큐(小田急)에서 하차(약 20분 소요)
학생 식당 운영 시간 평일 09:00~18:00, 토 10:30~14:00, 일요일 휴무

ICU 대학은 국제 기독 대학 International Christian University 으로 하루키의 고등학교 시절 여자친구가 먼저 도쿄로 올라와 입학한 학교로 알려져 있다. 그래서인지 하루키의 초기작 《양을 쫓는 모험》에서는 주인공 '나'의 여자친구가 다니는 학교로 등장해, 데이트를 즐기며 학생 식당에서 함께 밥을 먹는 모습이 묘사되기도 한다.

식당은 신축 건물로 예쁘게 단장해서 하루키의 작품 속 묘사에 나오는 모습은 사라졌지만, 여전히 학생 식당 특유의 맛과 정성이 유지되고 있었다. 전갱이 튀김과 샐러드, 바나나, 아이스 커피를 학생 식당답게 모두 합쳐 510엔에 먹을 수 있었다.

하루키 초기작에 자주 등장하는
미타카 역

미타카 역은 하루키가 와세다 대학 근처 와케이 기숙사에서 나온 후 지냈던 동네다. 부인인 요코 여사와 만나기 전에 사귀던 여자친구와 가깝게 지내기 위해 이곳으로 이사 왔다고 추측해 볼 수 있다. 또한 미타카 역은 《1Q84》에서 덴고가 기억 속에서 잊고 있던 아오마메를 불현듯 떠올리게 되는 중요한 장소로 등장하는데, 이것으로 볼 때 당시 ICU 대학에 다니던 여자친구와 이곳 미타카 역에서의 추억이 많았을 것이라고 생각해 볼 수 있다.

미타카 역의 북쪽 출구는 하루키의 초기작에 많이 등장하며, 하루키 팬에게 있어서는 하루키를 떠올리는 필수적인 상징이 된 기노쿠니야 서점 미타카 역점이 자리하고 있다.

미타카 역 三鷹駅
주소 東京都三鷹市下連雀3-46

스미레가 좋아하는 벤치가 있는 곳
이노카시라 공원

도쿄 시민들이 간다가와 강을 가장 좋아한다면, 공원은 기치조지^{吉祥寺}에 있는 이노카시라 공원^{井の頭公園}이 아닐까 싶다. 미타카 역에서 다시 한 정거장을 지나 기치조지 역에 내렸다. 기치조지는 홍대처럼 빈티지 숍이나 카페가 많은 동네로, 그중에서도 이노카시라 공원이 유명하다. 날이 다소 흐렸음에도 많은 사람들이 공원에 앉아 도시락을 먹거나 오리 배를 타며 즐거운 한때를 보내고 있었다.
이곳은 하루키의 아홉 번째 장편 소설 《스푸트니크의 연인》^{スプートニクの恋人, 1999}에서 스미레와 작중의 '나'가 작가의 꿈을 키우며 자주 찾는 곳으로, 스미레가 가장 좋아하는 벤치가 있는 곳이다. 임의로 스미레 벤치를 하나 정하고 그곳에 앉아 망중한을 즐겼다.
시간이 부족한 것이 아쉬웠다. 대학 시절 하루키의 데이트 코스에도 이노카시라 공원이 포함되어 있지 않았을까.

이노카시라 공원 井の頭公園
주소 東京都武蔵野市御殿山1-18-31
위치 기치조지(吉祥寺) 역에서 도보 8분

이노카시라 공원 안쪽에는 지브리 미술관이 있다. 지브리 미술관은 도쿄의 위성 도시인 미타카 시의 지원을 받아 조성된 미술관으로, 일본 애니메이션의 거장 미야자키 하야오 감독이 디자인하고 그의 작품들을 둘러볼 수 있도록 구성된 곳이다.
이노카시라 공원을 둘러본 후 걸어서 지브리 미술관으로 향하거나, 미타카 역에서 토토로 표지판이 있는 버스 정류장을 찾아 지브리 미술관 앞까지 가는 고양이 셔틀버스를 이용할 수도 있다.

고양이 버스에 오르고 싶은 강한 유혹을 뿌리치고 진구 구장과 두 번째 피터캣이 있었던 센다가야로 향하기 위해 다시 주오센에 올랐다.

미타카의숲 지브리 미술관
三鷹の森ジブリ美術館
주소 東京都三鷹市下連雀 1-1-83
위치 기치조지(吉祥寺) 역에서 도보 8분, 미타카 역에서 고양이 셔틀버스를 타고 약 5분
홈페이지 www.ghibli-museum.jp

자리를 옮겨 운영한 두 번째 재즈 카페
센다가야 피터캣

센다가야千駄ヶ谷에는 하루키가 1977년 고쿠분지에서 옮겨 온 두 번째 피터캣 자리가 있다. JR 센다가야 역 남쪽 출구에서 곧바로 내려가면 나오는 곳으로 오렌지색의 간판이 걸린 곳이 피터캣의 두 번째 자리다. 이곳에는 현재 음식점이 자리 잡고 있다.

하루키는 이곳에서 재즈 카페를 운영하면서 가까운 진구 구장으로 야구를 보러 다니기 시작했다. 가게에서 진구 구장까지는 약 800m 정도 거리밖에 되지 않는다.

그러면서 고향 니시노미야를 연고로 하고 있던 한신 타이거즈의 팬에서 야쿠르트 스왈로스의 팬으로 자연스럽게 옮겨, 외야석에서 당시 꼴찌팀을 열심히 응원하게 된다. 그러던 1979년 야구장에서 첫 소설을 쓰기로 결심하고 하루키 초기 3부작의 집필을 마친 후, 1982년 전업 작가로의 길을 결심한다. 하루키는 다른 사람에게 가게를 넘길 때까지 이곳에서 주로 생활하며, 좀처럼 순위를 끌어올리지 못하는 팀의 서포터스와 작가로서의 이중 생활을 보낸다.

센다가야 역 千駄ヶ谷駅
주소 東京都渋谷区千駄ヶ谷1-35-10

센다가야 피터캣
(두 번째 피터캣이 있던 자리)
주소 東京都渋谷区千駄ヶ谷1-8
위치 센다가야 역 남쪽 출구에서 도보 5분

하루키 초기 3부작
《바람의 노래를 들어라》
《1973년의 핀볼》
《양을 쫓는 모험》

하루키의 단골집
나카 이발소

당시 하루키가 단골로 이용하던 나카 이발소도 아직 센다가야에 그대로 있다. 전업 작가가 되기로 결심하고 1시간 반 거리의 후지사와藤沢로 이사간 후에도 하루키는 두세 달에 한 번씩 이발을 하기 위해 이곳을 찾았다고 한다. 1977년 하루키가 센다가야로 이사오면서 맺었던 인연이 그의 네 번째 소설《세계의 끝과 하드보일드 원더랜드》를 집필하던 1985년까지 이어졌다. 당시의 이발소가 여전히 그 자리에 있다는 것이 참으로 신기하고 고마웠다.

《세계의 끝과 하드보일드 원더랜드》에서 '세계의 끝'으로 내려가는 지하 통로가 바로 센다가야 역이고, '세계의 끝을 둘러싸고 있는 거대한 벽'이 센다가야 마을에 있는 전산소 건물이라고 알려져 있는데, 이곳에 살면서 다양한 상상력을 갖고 거리를 돌아다녔을 하루키를 생각하니 더욱 즐거워졌다.

하루키가 피터캣을 운영하면서 일상생활을 누렸을 동네가 그대로 남아 있어 왠지 모르게 응원을 받은 기분이 들었다.

나카 이발소 ナカ理容室
주소 東京都渋谷区千駄ヶ谷1-21-5
위치 센다가야역 남쪽 출구에서 도보 7분
시간 09:00~20:00
전화 03-3405-9168

세계적인 작가 하루키를 있게 한
진구 구장

진구 구장_{明治神宮球場}은 세계적인 작가 하루키를 있게 만든 곳이라고 해도 과언이 아닐 것이다. 하루키가 진구 구장 외야석에서 당시 야쿠르트 스왈로스의 외국인 타자 데이브 힐튼의 시원한 2루타를 보고 소설을 쓰기로 결심했다는 것은 잘 알려져 있는 사실이다.

구장은 두 개가 붙어 있는데 1구장은 프로 야구가 열리고, 2구장은 프로 야구도 하지만 주로 고교 야구가 열린다. 마침 내가 방문했을 때 홈팀이자 하루키가 응원하고 있는 야쿠르트 스왈로스의 경기가 열릴 예정이었다. 야구 경기를 볼 생각을 하고 찾아간 것은 아니었지만, 하루키를 있게 한 진구 구장의 홈 구단인 야쿠르트의 경기를 그냥 지나칠 수 없었다.

이후 일정에 대해 생각해 보고 주저없이 외야석 티켓을 샀다. 1,500엔짜리(야쿠르트 크루는 1,000엔) 티켓을 사고, 근처의 공원에서 캔커피를 하나 뽑아 들고 잠시 일정을 정리하면서 경기를 기다렸다. 하루키가

진구 구장 明治神宮球場
주소 東京都新宿区霞ヶ丘町3
위치 센다가야(千駄ヶ谷) 역에서 도보 10분, 가이엔마에(外苑前) 역에서 도보 5분
전화 03-3404-8999

한신칸 도보 여행 중 일요일 낮에 고시엔甲子園에서 야구 경기를 봤던 것처럼, 나 또한 진구 구장에서 예정에 없던 일탈을 시도하게 되었다. 경기는 저녁 6시부터 시작이었다. 여느 야구장과 마찬가지로 구장 앞은 팬들로 일찌감치 인산인해를 이루고 있었다. 티켓팅을 하고 1번 입구 외야석 쪽으로 입장했다. 하루키가 경기를 보러 갔던 당시에는 외야석이 잔디밭으로 되어 있어 옆으로 누워서 보기도 했다는데, 지금은 의자가 가지런히 놓여 있었다.

하루키는 최근 야쿠르트 스왈로스의 명예 팬에 선정되었는데, 이에 대한 화답으로 〈구장에 가서 홈팀을 응원하자〉라는 에세이를 써 야쿠르트 스왈로스의 홈페이지에 기고했다. 하루키가 여전한 야구팬이라는 것을 다시 한 번 확인할 수 있었다.

야구장에 입장해 KFC에서 피시 버거와 기린 생맥주를 사들고 적당한 곳에 앉았다. 간간히 혼자 온 직장인이나 먹을 것을 잔뜩 사들고 미리 자리를 맡은 사람들(주로 남자)도 보였다.

응원하는 기분을 좀 더 내기 위해, 기념품 숍에서 가장 인기 있는 선수가 누구인지 물어보고 팀의 정신적 지주라고 하는 미야모토 선수의 머플러를 사서 목에 두르고 응원석에 앉았다.(미야모토 선수는 2013년 시즌을 끝으로 은퇴했다.)

원정팀인 요코하마의 공격으로 경기가 시작되고, 경기는 요코하마의 선공 속에 홈팀인 야쿠르트가 잘 풀리지 않은 채 진행되었다. 결국 1:0 으로 뒤진 상황에서 3회에 첫 번째 투수가 강판 당하고 말았다. 그리고 9회 말 볼넷으로 나간 4번 타자 대신 대주자가 도루를 성공하고 2 아웃. 마지막에 그만 대주자가 2루에서 주루사를 당하면서 경기가 종료되었다.

응원하는 팀이 지는 것에는 많이 적응되어 있어 크게 실망하지는 않

았다. 하루키도 어디에선가 아쉬워하고 있겠지. 야구를 사랑하는 팬들의 모습은 어느 곳에서나 똑같다는 것을 느끼며 즐거운 시간을 보냈다. 경기가 끝나고 스타디움을 나서는 감독에게 팬들이 '내일은 이깁시다. 화이팅!'을 외치는 모습이 참으로 보기 좋았다.

많은 사람들이 야구장을 찾는 이유는 시원한 음료와 뻥 뚫린 구장, 그리고 그 위에 맞닿은 하늘의 모습 때문일 것이다. 이날 야구장에 비치는 석양은 그야말로 장관이었다.

하루키는 야구장에 입장하면 눈앞에 펼쳐지는 구장의 풍경에 압도 당해 버린다고 했다. 그리고 야구장을 찾는 것은 TV 중계 화면이 아닌 자신의 눈으로 선수들의 움직임을 볼 수 있고, 홈런인지 안타인지 진짜 소리를 들으며 판단할 수 있어서라고 했다. 과연 하루키는 진정한 야구팬이다.

Interview!

하루키 인터뷰

피터캣 시절의 하루키

이 인터뷰는 하루키가 고쿠분지에 피터캣을 처음 오픈한 1974년 《재즈 랜드》라는 잡지와 가진 인터뷰다. 26세 젊은 청년(하지만 결혼한)의 패기와 카페 사장으로서의 고집을 엿볼 수 있는 재미있는 인터뷰다. 몇 가지 재미있는 내용을 소개해 본다.

Q 재즈 카페 주인이 되기 위해서 필요한 자질로는 무엇을 꼽을 수 있을까요?

A 두려움을 모르는 실행 능력입니다.

Q 그럼 가장 필요 없는 것은요?

A 정보죠.

Q 가게를 열고 싶은데 대학에 다니고 있다면 졸업하는 게 좋을까요?

A 제 경험상 졸업증의 표지는 가게의 메뉴판으로 쓰기에 딱 좋습니다.

Q 손님들이 무라카미 씨가 선곡하는 음악에 대해 불평을 하지는 않나요?

A 네, 물론 말하는 사람도 있습니다. 그런데 그걸 걱정해야 하나요? 당신의 가게니까 당신이 하고 싶은 대로 하면 돼요. 돈벌이도 당신이 하기에 달렸죠. 적자도 내 보고 가게 자리도 바꾸어 보고, 온전한 당신의 가게라는 생각을 해야 합니다.

Q 술에 취해 난동을 피우는 사람은 어떻게 대처해야 할까요?

A 〈바운티호의 반란〉이라는 옛날 영화가 있는데요. 전함 내의 반동자들은 모두 쫓겨나게 되어 있습니다.

작가가 되기 전 재즈 카페 주인으로서의 인터뷰라 상당히 신선하고 재미있다. 1979년 센다가야로 피터캣을 옮기고, 데뷔 소설 《바람의 노래를 들어라》로 군조 신인 문학상을 수상한 후, 아사히 신문과의 인터뷰에서는 이런 말을 했다.

Q 카페를 계속 하실 생각인가요?

A 제 가게에는 젊은 편집자들이 종종 보입니다. 요전에 어떤 편집자와 작가 나카가미 켄지 씨(하루키보다 3년 선배 작가, 하루키와는 인연이 없었던 아쿠타가와 수상 경력이 있고 46세의 나이에 요절)가 왔다가 잠시 얘기를 나누기도 했어요. 물론 나중에 다른 손님들로부터 그가 작가인지 알게 되었지만요. 전 이 공간을 소중하게 생각합니다. 인터뷰 기사에 카페 이름은 공개하지 않으면 안 될까요? 이곳에서는 커피나 술을 마시러 오거나 재즈를 들으러 오는 목적 이외에 방문하려는 사람들을 만나고 싶지 않습니다.

이후, 하루키는 두 편의 소설을 더 쓰고 피터캣을 지인에게 넘기고, 전업 작가의 길을 선택한다.

하루키 인터뷰

아내와 아이에 관해

하루키는 첫 소설 《바람의 노래를 들어라》부터 원고를 가장 먼저 부인인 무라카미 요코 여사에게 보여 준다고 한다. 그리고 아내는 수정하면 좋을 부분을 날카롭게 집어 준다고 한다. 요코 여사 역시 많이 알려지지는 않았지만, 저작 활동을 해 오고 있다.

아내가 제 첫 소설의 원고를 가장 처음 본 사람이에요. 그녀는 불평을 하며 전혀 읽지 않았죠. 추측하건대, 처음에는 제 소설에 대해 어떤 감흥도 받지 못했던 것 같아요.　　　　　　- 2004년 미국 문예지 〈파리 리뷰〉 인터뷰 중에서

저는 제가 1년에 얼마의 수입을 얻는지 모릅니다. 관심이 없어요. 또 세금을 얼마나 내는지도 몰라요. 세금에 대해서는 생각하고 싶지도 않지만요. 회계사와 아내가 함께 그것들을 관리하고 있어요. 그들은 저에게 아무것도 말해 주지 않아요. 전 단지 계속 집필을 할 뿐이죠. 때론 다투기도 하지만, 그녀는 저의 가장 좋은 조언자입니다. 지금의 편집장과는 헤어질 수 있지만, 아내와는 그럴 수 없죠.　　- 2011년 영국 일간지 〈가디언〉 인터뷰 중에서

그녀는 소설을 집필하지는 않습니다만, 제가 쓴 글에 대해서는 혹독하게 비판합니다. 그래서 뭔가 미심쩍은 부분이 있으면 아내에게 확인을 받을 때까지 서너 번은 고쳐 쓰게 되죠. 한 번은 편집자와 아내와 함께 최종 교정을 본 적도 있어요. 저는 그 작업에 많은 부분 도움을 받고 있습니다. 그리고 아내의 멋진 요리를 맛볼 때도 마찬가지고요.

- 2007년 아르헨티나 일간지 〈라 나시온〉 인터뷰 중에서

하루키는 많은 인터뷰에서 자식이 없는 것에 대해 이야기하고는 했다. 하루키가 자식을 갖지 않는 이유를 다음의 인터뷰를 통해 알 수 있다.

부모님은 멀리 교토에 살고 계시죠. 전 부모님에 대해 많이 알지 못해요. 그리고 전 아이가 없습니다. 아이가 있으면 다른 어떤 그룹에 속하게 될 수밖에 없죠. 제 와이프와 저는 거의 독립된 우리 자신만의 삶을 살고 있어요.

– 2003년 오스트리아 일간지 〈디 프레세〉 인터뷰 중에서

선택의 여지가 있는 것은 아니지만, 전 그냥 일본 문학의 어떤 서클에 속한다고 생각하지 않아요. 그리고 그건 저에게 아무런 상관이 없습니다. 내 스타일은 일본 작가들과는 다르거든요. 그런 집단 활동을 할 생각도 없으며, TV에 출연한다거나 강의를 하지도 않습니다. 기사 글을 쓰지도 않고, 제 책에 서명조차 잘 하지 않습니다. 어느 문학상의 심사위원도 아니고요. 전 글을 쓰는 것 외에 어떠한 단체에도 관심이 없어요. 제 친구들은 음악가, 예술가, 일러스트레이터 등이 있죠. 저는 보통의 글을 쓰는 사람이고요.
당신도 알다시피 저는 기록, 수집, 집필, 아내와의 시간, 고양이 돌보기, 스포츠, 독서를 하며 마시는 맥주 등으로 어지간히 바쁩니다. 때때로 '사회적 책임'에 신중하지 못하다고 비판을 받기도 합니다. 하지만 저의 진짜 '사회적 책임'은 소설을 쓰기 위한 것이라고 생각하고 있습니다.

– 2011년 프랑스 일간지 〈르 몽드〉 인터뷰 중에서

고속도로 휴게소와 하루키의 사무실

도쿄(3)
시코쿠로 향하는 고속도로의 휴게소

하루키의 열 번째 장편 소설 《해변의 카프카》에는 도쿄를 떠나 시코쿠로 향하는 카프카 소년과 나카타 노인이 등장한다. 이들은 각각 고속도로 휴게소에 들르는데 카프카 소년은 심야 버스를 타고 가다가, 나카타 노인은 호시노 청년을 만나게 되면서 두 곳의 휴게소를 지나게 된다.

고호쿠 휴게소港北PA(Parking Area)는 어떤 힘에 이끌려 도쿄를 떠난 나카타 노인이 호시노 청년을 만나는 장소로 등장한다. 도메이東名 고속도로는 도쿄와 나고야를 잇는 도로로, 나카타 노인과 호시노 청년은 고속도로를 타고 고베까지 가서 아카시 해협 대교를 타고 시코쿠로 넘어간다.

고호쿠 휴게소는 도메이 고속도로에서 도쿄를 떠나기 직전의 휴게소로 각종 음식점과 휴게 시설이 마련되어 있다. 한국으로 보자면, 만남의 광장쯤 되지 않을까. 고호쿠 휴게소에 가기 위해서는 도큐덴엔도시센을 타야 하는데, 여정 중 처음으로 반대 방향 열차를 타서 길을 헤매기도 했다.

고호쿠 휴게소는 파인딩 하루키 여정에서도 손에 꼽히는 마이너한 장소가 아닐까 생각된다. 이곳으로 가는 방법을 정확하게 알 수 있었던 것은 휴게소 곳곳의 맛있는 음식들을 찾아다니는 한 일본 블로거 덕분이었다. 그의 블로그에는 하루키 작품에 대한 언급은 없고, 니쿠 덮밥이 맛있다는 이야기만 있었는데 '파인딩 하루키' 여행자인 나에게는 더없이 고마운 정보가 아닐 수 없었다.

지금부터의 일정은 일정이나 시간상의 흐름이 아니라 작품별로 구성된다. 특히 도쿄는 하루키의 워낙 많은 작품에서 배경지로 등장하기 때문에 작품별로 여정을 묶어 소개하는 것이 작품을 이해하기에도, 실제 여행을 계획하기에도 좋겠다는 생각이 들었다. 단기간 '하루키 여행'을 계획하는 여행자에게도 도움이 되기를 바란다.

고속도로 휴게소, 아오야마

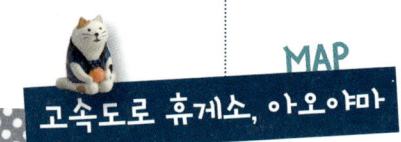

❶ **아오바다이 역**
주소 神奈川県横浜市青葉区青葉台1-7-3

❷ **고호쿠 휴게소**
주소 神奈川県横浜市緑区北八朔町2160
위치 도큐덴엔도시센(東急田園都市線) 아오바다이 역(青葉台駅)에서 14km
(역 앞 버스 플랫폼 11번에서 靑82번 버스 탑승. 15분쯤 후에 지구사다이(千草台) 정류장에서 하차 후 도보 10분
전화 045-971-7551

❸ **후지가와 휴게소**
주소 静岡県富士市岩渕1348-3
위치 JR 후지가와(富士川) 역에서 2.5km, 역 앞에서 버스에 탑승해 야마나시 고치(山梨タウンコーチ)에서 하차

❹ **후지가와 라쿠자**
주소 静岡県富士市岩淵1488-1

❺ **오모테산도 역**
주소 東京都港区北青山3-6-12

❻ **하루키의 옛 사무실**
주소 東京都港区南青山 4-17
위치 오모테산도 A5 출구에서 약 5분

❼ **아오야마 북센터**
주소 東京都渋谷区神宮前5-53-67
위치 오모테산도 역 B2 출구에서 도보 7분
시간 10:00~22:00(연중무휴)

❽ **네기시(아오야마 점)**
주소 東京都渋谷区神宮前5-50-5青山NSビル 2F
위치 오모테산도 역에서 도보 5분
시간 11:00~23:00

나카타 노인과 호시노 청년이 만난
고호쿠 휴게소

고호쿠 휴게소에 가기 위해서는 아오바다이 青葉台駅 역으로 가야 한다. 아오바다이 역에 도착해 버스를 타고 15분여를 가서 내린 다음, 1km 정도를 걸어가면 고호쿠 휴게소로 들어갈 수 있다. 여행 전에 알아본 바로는 차를 렌트하지 않는 이상 가기 힘들 거라고 생각했는데, 이렇게 도보로 갈 수 있다는 게 신기하고 재미있는 경험이었다.

휴게소에는 음식점과 편의점, 화장실 등이 있고, 넓은 주차 공간에는 호시노 청년이 금방이라도 문을 열고 나와 '아 배고픈 걸' 하고 말할 것만 같았다. 휴게소 식당에 들어가 소설 속에서도 묘사되었던 무료 녹차를 마시며 잠시 쉬다가, 이 휴게소에서 가장 맛있는 인기 메뉴인 중국식 고기 덮밥을 주문해서 먹었다.

휴게소임에도 이곳에 있는 사람들은 바빠 보이지 않았다. 오히려 책을 읽고 음악도 들으며 여유로운 시간을 보내고 있었다. 덩달아 나도 차분한 기분이 되어 호시노 청년과 나카타 노인이 이곳에 있지 않을까 휴게소 내부를 둘러보았다.

아오바다이 역 青葉台駅
주소 神奈川県横浜市青葉区青葉台 1-7-3

고호쿠 휴게소(港北 Parking Area)
주소 神奈川県横浜市緑区北八朔町 2160
위치 도큐덴엔도시센(東急田園都市線) 아오바다이 역(青葉台駅)에서 14km (역 앞 버스 플랫폼 11번에서 青82번 버스 탑승, 15분쯤 후에 지구사다이(千草台) 정류장에서 하차 후, 도보 10분
전화 045-971-7551

아오바다이 역에서 고호쿠 휴게소 찾아가기

1. 아오바다이 역

2. 아오바다이 역 버스 정류장 11번 플랫폼에서 青82번 버스 승차

3. 지구사다이 정류장에서 내려 터널을 통과한다

4. 터널을 지나 휴게소로 가는 언덕

5. 언덕을 다 올라오면 고속도로 위를 지나는 도로가 나온다

6. 휴게소로 들어간다

<small>나가타 노인과 호시노 청년이 들른 두 번째 휴게소</small>
후지가와 휴게소

후지가와 富士川 휴게소는 《해변의 카프카》에서 나카타 노인과 호시노 청년이 고호쿠 휴게소에서 만나 시코쿠까지 가는 길에 들른 또 하나의 휴게소다.

이곳에서 나카타 노인은 휴게소 공터에서 청년들의 폭력을 목격하고 하늘에서 거머리를 내리게 한다. 호시노 청년은 휴게소는 잠시 지나가는 곳일 뿐이라고, 우리의 삶 역시 그러하다는 메시지를 나카타 노인과 독자에게 이야기한다.

후지가와 휴게소도 고호쿠 휴게소와 마찬가지로 도보로 접근할 수 있었다. 걸어서 휴게소를 찾아갔는데, 역으로 돌아온 후에 버스로도 갈 수 있다는 것을 알게 되었다. 후지가와 역은 도쿄 역에서 JR 도카이도 혼센 東海道本線 을 타고 1시간 20여 분을 가면 도착할 수 있다. 후지가와 역에서 후지가와 휴게소까지 도보로는 30분, 노선 버스를 타고는 10분이면 도착한다.

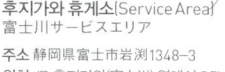

후지가와 휴게소(Service Area)
富士川サービスエリア
주소 静岡県富士市岩渕1348-3
위치 JR 후지가와(富士川) 역에서 2.5km, 역 앞에서 버스에 탑승해 야마나시 고치(山梨タウンコーチ)에서 하차

《해변의 카프카》에 등장한 휴게소는 하행선이었다. 나 역시 후지가와 역에 도착해 천천히 걸어 하행선 휴게소로 향했다. 여느 휴게소와 다를 바 없었으나, 후지산의 고장 시즈오카에 속해 있어서 휴게소에도 후지산과 관련된 상품들이 많았다. 후지산을 한눈에 바라볼 수 있는 콘셉트 스타벅스도 좋은 자리에 위치하고 있는데, 내가 방문한 날은 구름에 가려 후지산의 모습이 제대로 보이지 않았다.

하행선 휴게소에서 상행선 휴게소로도 넘어갈 수 있는데, 상행선 휴게소에는 후지가와 라쿠자라는, 휴게소와 휴양 시설을 접목한 시설이 위치하고 있다. 이곳에서는 후지산을 더 가까이서 볼 수 있다.

찾아가는 재미가 쏠쏠했던 후지카와 휴게소 여정을 마치고, 시즈오카에서 온천을 즐기며 여정을 잠시 쉬어 갔다.

후지가와 라쿠자
富士市道の駅富士川楽座
주소 静岡県 富士市岩淵1488-1

후지가와 역에서
후지가와 휴게소 찾아가기

후지가와 역

후지가와 역 간판

역 앞의 교차로에서
우회전해서
도카이도 도로를 따라 걷는다

1.5km쯤 걸으면
큰 교차로가 나오고 우측으로
다리가 보인다.

직진해 올라가면
후지가와 강을 볼 수 있다

골목길 사이로 펼쳐지는
후지가와 마을

후지가와 휴게소는 역 앞의 버스로도 이동이 가능하지만, 이렇게 걸어서 찾아가는 재미도 충분하다. 날이 좋다면 천천히 걸어가 보자. 30분이면 된다.

7 후지가와 휴게소 입구
8 후지가와 휴게소 입구 도착
9 올라가는 길

10 휴게소로 가는 숲속 길
11 휴게소 안내판
12 휴게소 도착

고급 거주지가 있는
오모테산도 산책

아오야마青山는 오랜 기간 하루키의 사무실이 있던 지역이며, 하루키 작중의 소위 성공한 주인공들이 주로 생활하는 동네이기도 하다. 아오야마, 오모테산도表参道駅에서 긴자銀座까지 이어지는 이 동네는 일본에서도 고급 주거지가 많은 곳으로, 거리도 매우 독특하고 고급스러운 동네 분위기를 느낄 수 있다. 《댄스 댄스 댄스》의 고탄다와 골목 어귀에서 마주칠 것만 같았다.

오모테산도 역 근처에는 하루키가 에세이에서 직접 소개하기도 한 다이보 커피가 있었지만 2013년 12월에 그만 문을 닫았다. 나는 운 좋게 문을 닫기 전에 방문할 수 있었는데, 사진 촬영은 엄격하게 금지되고, 두 명의 직원이 능숙하게 업무를 분장하여 손님을 맞이하고 있었다. 가게 안은 재즈가 잔잔하게 흐르고, 선반 위에는 문고본 책들이 그득하게 쌓여 있었다. '하루키가 좋아할 만한 카페구나.' 하는 생각이 들었다. 당장이라도 하루키가 문을 열고 들어올 것만 같았다.

오모테산도 역表参道駅
주소 東京都港区北青山3-6-12

조용한 마을에 위치한
하루키의 아오야마 옛 사무실

차분히 아오야마를 산책하며, 하루키의 사무실이 있던 동네까지 걸었다. 하루키의 사무실은 이곳에 오래 있었지만, '파인딩 하루키' 여정을 시작하기 얼마 전에 사무실이 문을 닫았다. 이곳의 사무실은 하루키가 작품을 낼 때마다 가졌던 해외 매체들과의 인터뷰가 진행된 곳이었다. 하루키가 작업을 하며 거닐었을 동네에 다다르니 기분이 묘했다. 내가 찾아갔을 때에는 내부 공사가 진행되고 있었다. 사무실은 큰길가에 있지 않고 주택가 안으로 한참 걸어 들어가야 찾을 수 있었다. 하루키의 다음 사무실은 어디일까 궁금해졌는데, 최근 인터뷰를 보면 아마도 일본에서의 사무실을 없애고 현재 거주 중인 하와이에 고정적인 사무실을 두고 작업을 하는 게 아닐까라는 생각이 들기도 했다.

하루키는 가나가와 현에 있는 오이소 자택과 도쿄 시내에 머무는 집이 하나 더 있고 이곳 아오야마에 사무실을 두고 출퇴근했었다.

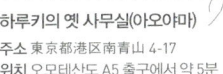

하루키의 옛 사무실(아오야마)
주소 東京都港区南青山 4-17
위치 오모테산도 A5 출구에서 약 5분

주중에는 사무실뿐만 아니라 사는 것도 도쿄 시내에서 살고 있습니다. 그리고 주말에는 도쿄 외곽(오이소)의 집으로 가곤 하죠. 저는 매우 이른 시간에 일어나요. 보통 새벽 4시경에 일어나죠. 혼자 있을 때 가장 최적의 일하는 환경이 마련되기 때문이에요. 지하철을 타고 사무실로 출근해 집중해서 작업합니다. 제 어시스턴트는 11시에 출근해요. 그때는 이미 그날의 써야 할 부분들을 대부분 완료한 상태죠. 그리고 오후에는 운동을 나가곤 해요.

　　　　　　- 2003년 오스트리아 일간지 〈디 프레세〉 인터뷰 중에서

또한 최근 인터뷰에서는 하와이 사무실에 하루키의 문학 영웅인 프란츠 카프카의 사진을 걸어 두었다고 하는데, 아오야마 사무실에 걸려 있던 사진을 옮긴 것은 아닐까 하는 생각도 들었다. 내 방에는 하루키의 사진이 크게 걸려 있다.

하루키가 자주 찾았던
아오야마 북센터

그 길로 하루키가 자주 찾곤 하던 아오야마 북센터에 잠시 들러 보았다. 아오야마 북센터는 오모테산도 역에서 가깝고 지하에 위치해 있다. 어느 에세이에서 하루키가 아오야마 북센터에 종종 간다고 했을 때, 그리고 하루키를 검색하다가 알게 된 한 블로그에서 일본에서 유학 중인 딸이 아오야마 북센터에서 하루키를 봤는데 바보같이 사인을 못 받았다는 글을 볼 때만 해도, '이곳에 가면 하루키를 볼 수 있겠구나' 하고 생각했었는데, 이제 이곳에서 하루키를 볼 가능성은 많이 줄어 버렸다.

아오야마 북센터 AoyamaBookcenter
주소 東京都渋谷区神宮前5-53-67
위치 오모테산도 역 B2출구에서 도보 7분
시간 10:00~22:00(연중무휴)

네기시(아오야마점)
ねぎし(青山通り店)
주소 東京都渋谷区神宮前5-50-5青山 NSビル 2F
위치 오모테산도 역에서 도보 5분
시간 11:00~23:00

서점을 들러 나온 길, 오모테산도 역 근처에서 소 혀 요리를 맛있게 하는 음식점에 들러 식사를 했다. 맥주와 어우러진 맛이 더욱 기가 막혔다. 배를 채운 후 맞이한 오모테산도의 밤거리는 더욱 예뻤다. 스타벅스에서 카페라테 한 잔을 주문해 들고서 시부야 역까지 걸었다. 바람도 좋고 기분도 좋은 저녁이었다.

하루키 인터뷰

음식에 대해

하루키의 작품 속에는 스파게티 요리가 자주 등장한다. 그중 하루키가 좋아하는 스파게티에 대해 들어 보자.

요즘은 성게 스파게티를 좋아합니다. 버터를 많이 넣고, 스파게티 면을 삶아 그릇에 담은 후 버터를 첨가해요. 그럼 버터가 녹아들죠. 그러고는 신선한 성게를 넣고 저어요. 그리고 파슬리를 뿌리는 거에요. 간단하긴 하지만 꽤 괜찮아요. 정말 좋아하는 스파게티에요.

- 2005년 하버드대 인터뷰 중에서

하루키의 작품 속에서 스파게티는 '고독'과 관련되어 있다. 《태엽 감는 새》에서의 스파게티를 만드는 장면이 유독 그렇다.

전 결혼하기 전부터 혼자 스파게티 요리를 하곤 했어요. 그건 꽤나 외로운 일이었죠. 스파게티를 혼자 만들고 있을 때 느끼는 외로움은 지극히 자연스러운 거에요. 그런데 당신도 알겠지만 샌드위치를 만들 때는 외롭다고 생각하지 않아요. 하지만 스파게티의 경우는 다릅니다.

- 2005년 하버드대 인터뷰 중에서

음식은 하루키의 소설에서 중요한 의미가 있다. 하루키는 '이상적인 식사'에 대해 이렇게 이야기한다.

제가 제일 좋아하는 음식은 어떤 요리를 해 먹을지 도통 모르는 상태에서 냉장고를 열어 샐러리, 계란, 두부 그리고 토마토를 찾아 그것들을 모두 사용해 나만의 요리를 만드는 겁니다. 그게 바로 저에게 가장 완벽한 요리에요. 아무런 계획이나 준비 없이 말이죠.

– 2008년 미국 시사 잡지 〈타임〉과의 이메일 인터뷰 중에서

하루키는 요리를 할 때 4대 원칙을 항상 염두에 둔다고 한다. 하루키가 《1Q84》를 끝내고 신초사(新潮社)와 가진 인터뷰(계간 〈문학동네〉 2010년 가을 호 게재)에 따르면, 하루키는 요리를 할 때 '국물 제대로 내기', '신선한 재료 정확히 자르기', '조리 시간 지키기, 조미료는 가급적 사용하지 않기' 이 네 가지 원칙을 준수한다고 한다. 하루키가 만드는 음식은 어떤 맛일까.

노르웨이의 숲을 따라 걷다

도쿄(4)
나오코와 미도리와의 각기 다른 데이트

《노르웨이의 숲》은 교토에서도 일부 여정을 다녀왔다. 나오코와의 가슴 아픈 추억이 있는 소설 속 아미료 요양원과 2010년 트란 안 홍 감독에 의해 영화화된 동명의 영화 〈노르웨이의 숲〉에서의 아미료 요양원 촬영지와 와타나베가 마지막에 울부짖었던 해변가가 그곳이다.

도쿄에서의 《노르웨이의 숲》과 관련된 장소 역시 애틋한 장면이 연출되는 곳이 많다. 그중 가장 독자들의 기억에 남아 있는 두 곳을 가 본다.
《노르웨이의 숲》의 주인공 와타나베가 '상실'과 '재

생'을 의미하는 두 여자 주인공인 '나오코'와 '미도리'와 각각 즐겼던 데이트 코스다. 주인공들이 실재한다면 그들도 가장 기억하고 싶은 장면이지 않을까 싶다.

먼저 가 볼 곳은 와타나베와 나오코가 우연히 만나 요쓰야 역에서 내려 오후 반나절 동안 걷게 되는 긴 산책 코스다. 데이트라고 부를 수는 없지만 와타나베가 나오코의 뒤를 따라가며 요쓰야 역에서 가모가메 역까지 산책이 이어진다.
와타나베 특유의 시시껄렁한 유머와 나오코의 알 수 없는 미소가 떠오르는 산책 데이트다. 사실 영화를 본 사람이라면 영화 속 장면이 자연스럽게 소설 속의 장면과 오버랩되는데, 영화의 평가는 호불호가 많이 갈리지만, 이 데이트 코스 장면만은 결코 질리지 않는다.

두 번째는, 요양원에 있는 나오코를 만나고 학교로 돌아온 와타나베가 미도리와 만나 함께하는 재즈 바 DUG 데이트다. 미도리가 보드카 토닉 다섯 잔을 마시고 계단에서 넘어지는 바로 그곳이다.
하루키는 대학생 시절 수업을 빼먹고 신주쿠로 나가 영화를 보거나 레코드 숍에서 음악을 듣거나 재즈 바에 가서 주로 시간을 보냈는데, 확실히 미도리와의 추억은 하루키가 말하는 활기 넘치는 재생의 힘을 보여 주는 듯하다.

MAP 산책길 따라 걷기

와타나베와 나오코의 산책길

❶ 요쓰야 역
주소 東京都新宿区四谷1

❷ 이치가야 역
주소 東京都千代田区五番町2-1

❸ 이이다바시 역
주소 東京都千代田区飯田橋4-10

❹ 스이도바시 역
주소 東京都文京区後楽1-3

❺ 오차노미즈 역
주소 東京都千代田区神田駿河台2

❻ 고마고메 역
주소 東京都豊島区駒込2

❼ DUG
주소 東京都新宿区新宿3丁目15-12
위치 신주쿠(新宿) 역 동쪽 출구에서 도보 6분 시간 월~토 12:00~02:00,
일 12:00~11:30 (연중무휴)
보드카 토닉 한 잔 840엔
전화 03-3354-7776

와타나베와 나오코가 우연히 만난
요쓰야 역

요쓰야 역 四ツ谷駅은 《노르웨이의 숲》의 와타나베와 나오코가 긴 시간을 함께 산책하는 코스의 시작점이다. 비가 내렸지만 그 길을 천천히 따라 걸어 보기로 했다. 1년만에 우연히 JR 주오센에서 만난 와타나베에게 나오코는 갑자기 내리자고 제안한다. 그렇게 그들이 내린 역이 바로 요쓰야 역이다.

그들을 따라 나도 요쓰야 역에서 내려 산책을 시작했다. 이 산책길에서는 나오코의 발랄함과 다소 무뚝뚝한 와타나베의 모습이 생동감 있게 그려진다. 앞서가는 나오코와 뒤따라가는 와타나베의 설레는 데이트 장면으로 반나절 동안 소요되는 꽤 긴 코스의 산책이다. 소설 속에서는 산책이 끝나고 둘 다 녹초가 되어 소바집에서 국수를 먹으면서 산책을 마친다.

혼자 걸었다는 점에서 데이트라고는 할 수 없겠지만 소바집까지 찾아가서 와타나베와 나오코의 데이트를 모두 경험해 보았다.

요쓰야 역 四ツ谷駅
주소 東京都新宿区四谷1

제방길을 따라가는 산책길의 시작
요쓰야 역 ~ 이치가야 역

요쓰야 역 북쪽 출구로 나가서 직진 후 우회전하면 제방길이 이어진다. 일본인들이 가장 좋아하는 강 중 하나인 간다가와 강의 지류로, 이곳에서 와타나베와 나오코가 산책을 시작한다.

제방길을 조금 걷다 보면 이치가야市ケ谷 역이 나온다. 강변에 자리 잡고 있는 역은 점점 굵어지기 시작한 빗줄기와 어우러져 더욱 아름다워 보였다.

요쓰야 역에서 이치가야 역까지는 제방의 왼쪽 길을 따라 걷게 되는데 아마도 와타나베와 나오코도 그랬을 것이다. 이치가야 역에서 제방의 오른쪽 길로 계속 산책을 이어 가기 위해 다리를 건넜다. 곧이어 이치가야 역 앞에 스타벅스가 보이고 스타벅스의 맞은편에 경찰서가 보인다. 경찰서를 지나면 바로 본격적인 산책로가 이어진다.

이치가야 역 市ケ谷駅
주소 東京都千代田区五番町2-1

이치가야 역 앞 스타벅스

스타벅스 맞은편의 경찰서

와타나베와 나오코의 본격적인 산책길
이치가야 역 ~ 이이다바시 역

이치가야 역에서부터 와타나베와 나오코의 본격적인 산책길이 시작된다. 요쓰야 역에서 이치가야 역을 지나 이이다바시 역까지는 계속 북쪽으로 걸어 올라가야 한다. 제방길을 따라 걸으면 조그마한 놀이터가 보이고, 조금 더 지나면 작중의 묘사와 같이 벤치가 놓여 있다.

이이다바시 역 飯田橋駅
주소 東京都千代田区飯田橋4-10

나란히 벤치에 앉아 있는 두 수녀만이 까만 겨울 제복을 단정하게 입고 있어서, 그녀들 주위에만은 여름 햇살이 아직도 미치지 않고 있는 느낌을 주었다. 그렇듯 두 수녀는 만족스러운 얼굴로 햇볕 아래서 대화를 즐기고 있었다.
― 《노르웨이의 숲》 중에서

이 산책길을 걸으면 하루키가 작중에 묘사한 장면들이 그대로 눈앞에 펼쳐진다. 곧이어 나오코가 물을 마신 음수대도 나타난다.

> 그녀는 음료수대 앞에서 걸음을 멈추고 한 모금의 물을 마시고는 바지 주머니에서 하얀 손수건을 꺼내어 입을 닦았다. 그리고 몸을 굽혀 주의깊게 구두끈을 고쳐 맸다. - 《노르웨이의 숲》 중에서

스이도바시 역 水道橋駅
주소 東京都文京区後楽1-3

그 길을 계속 걸으면 이이다바시飯田橋 역과 스이도바시 역水道橋駅을 지나고 곧이어 오차노미즈御茶ノ水 역이 나온다. 하지만 날도 많이 어두워지고 작중의 디테일한 묘사도 이곳까지여서 이이다바시 역에서부터 스이도바시 역, 오차노미즈 역, 그리고 고마고메 역까지는 전철로 이동하기로 했다.

이 길을 실제로 모두 걷는다면 정말 상당한 거리다. 반나절이 걸린다는 게 정확한 묘사인 것 같았다. 하루키도 이 길을 직접 걸어 보지 않았을까.

산책길의 중간 전환점
오차노미즈 역 ~ 고마고메 역

오차노미즈 역은 와타나베와 나오코가 고마고메 역까지 가는 길의 마지막 전환점이자 영화 〈카페 뤼미에르〉의 엔딩 장면이 나오는 곳이기도 하다. 잠시 파인딩 하루키 여정에서 이탈해 풍경을 감상했다. 비가 오고 어두워지기 시작해 사진을 몇 장 찍고, 30분 정도를 기다렸지만 세 개의 노선이 모두 겹치는 영화 속 장면과 같은 타이밍은 잡지 못했다.

오차노미즈에서 고마고메까지 이동하면 와타나베와 나오코의 산책 코스가 완성된다. 무려 9km의 대장정이다. 이 거리를 모두 걷는다면 하루키가 묘사한 대로 녹초가 되어 버릴 것이다.

와타나베는 산책을 마치며 얘기한다. 나오코가 걸어갔고, 난 그저 따라온 거라고.

오차노미즈 역 御茶ノ水驛
주소 東京都千代田区神田駿河台2

고마고메 역 駒込駅
주소 東京都豊島区駒込2

와타나베 와 나오코 산책 데이트의 마무리
소바집 고마쓰안

와타나베와 나오코의 산책 데이트는 고마고메 역에 도착해 소바집에서 국수를 먹는 것으로 마무리된다. 고마고메 역에서 오래된 국수집은 고마쓰안 小松庵이 유일한 곳으로 《하루키를 좋아하세요?》보물섬, 2005년라는 책에서 추정하였던 것처럼 고마쓰안이 《노르웨이의 숲》에 등장하는 소바집일 확률이 매우 높다고 할 수 있다.

'파인딩 하루키' 여행을 통해서 계속해서 확인하고 있는 것처럼 하루키는 글을 쓸 때 직접 방문했던 장소를 소재로 삼는 것이 많기 때문에, 분명 이곳에도 방문했을 것이다.

고마쓰안에 들어간 시간은 영업 종료 30분 전이어서 가까스로 저녁을 먹을 수 있었다. 메밀과 튀김이 적절히 어우러진 정식을 먹고 기분 좋게 맥주를 비웠다.

고마쓰안 小松庵
주소 東京都豊島区駒込3-3-21
위치 고마고메 역에서 도보 5분
시간 11:00~22:00
휴일 수요일
전화 03-3917-2589

와타나베와 미도리의 일탈
재즈 바 DUG

신주쿠新宿 역 서쪽 출구로 나가 기노쿠니야紀伊国屋 서점의 뒷골목으로 가면, 《노르웨이의 숲》에서 와타나베와 미도리가 대낮에 수업을 빼먹고 시내로 나와 보드카 토닉을 마신 재즈 바 DUG가 나온다. 비가 내려 바에 가기에는 더없이 좋은 분위기였다.

미도리는 이곳에서 보드카 토닉을 연달아 다섯 잔을 마신 뒤 술에 취해 올라가는 계단에서 넘어지기도 하는데, 실제로 가 보니 충분히 넘어질 만한 높이의 계단이었다.

DUG의 현재 위치는 《노르웨이의 숲》 당시의 위치에서 조금 이동했다. 원래는 안쪽 골목에 있었지만 현재는 큰길가로 나온 상태다. 그래도 사장님은 계속 같은 분이고, 하루키의 소설에 등장한 곳이라는 자부심을 갖고 계셔서 '파인딩 하루키' 여행을 하고 있는 내게는 더없이 고마운 장소였다.

지하로 연결된 깊은 계단을 내려갔다. 마치 《세계의 끝과 하드보일드 원더랜드》에서 지하 세계로 들어가는 기분이랄까.

DUG
주소 東京都新宿区新宿3-15-12
위치 신주쿠(新宿) 역 동쪽 출구에서 도보 6분
시간 월~토 12:00~02:00, 일 12:00~11:30 (연중무휴)
보드카 토닉 한 잔 840엔
전화 03-3354-7776

지하로 내려가니 몇 개의 테이블이 있고, 바 테이블에 단골로 보이는 여자 손님 한 명이 앉아 있었다. 하이네켄 맥주를 시켜 목을 축인 후, 두 번째 잔부터 보드카 토닉을 주문했다.

나오코는 보드카 토닉 다섯 잔을 마시고 취했는데, 나는 두 잔을 마시니 기분이 좋아지는 것이, 계단을 오르다 넘어질까 걱정이 될 정도였다. 보드카 토닉 두 잔과 잔잔한 재즈에 취해, 사장님과 하루키에 대한 짧은 대화를 나누며 시간을 보냈다.

고베의 산노미야에서 만난 '하프 타임'에서와 마찬가지로 기분 좋은 공감대를 형성한 소중한 장소가 되었다. 숙소로 돌아갈 때까지 비는 멈추지 않고 계속 내렸다.

하루키 인터뷰

《노르웨이의 숲》에 대해

《노르웨이의 숲》은 하루키가 리얼리즘 소설을 목표로 하고 집필한 그의 전략적인 의도가 담겨 있는 작품이면서, 스스로 얘기하듯 그를 작가로서 한 단계 업그레이드시켜 준 작품이기도 하다.

《노르웨이의 숲》은 순수 리얼리즘 소설을 목표로 한 작품이에요. 이전 소설에서 위의 단계로 가지 않으면 안 되겠다라든지, 다른 작가들과 같은 씨름판 위에서 겨루지 않으면 안될 것 같다라는 의식을 갖고 나름대로 잘 써나간 것 같아요. 하지만 본래 제가 쓰려던 소설이 아닌 상태에서 베스트 셀러가 되어 압박을 느꼈죠. 하지만 《노르웨이의 숲》을 쓰지 않았다면, 《태엽 감는 새》도 탄생하지 못했을 것이라고 생각합니다.

- 2013년 교토대 공대 인터뷰 중에서

《노르웨이의 숲》에서는 머리부터 발끝까지 전부 '리얼리즘'으로 쓰자고 결정했고, 실제로 그렇게 되어서 이른바 리얼리즘 작가와 같은 경계에서 싸울 수 있는 자신감이 생겼어요. 그리고 나서 '나와 쥐' 4부작(*쥐 3부작 《바람의 노래를 들어라》, 《1973년의 핀볼》, 《양을 쫓는 모험》)으로 《댄스 댄스 댄스》를 쓰고 그것으로 사이클이 하나 끝나는 느낌이 들었죠. 이탈리아와 그리스에 살면서 2개의 장편을 완성하고 일단 작가로서 기초적인 힘을 길렀기 때문에 이제부터 새로운 것을 찾지 않으면 안 된다는 생각에 40대를 시작했어요.

- 2012년 〈몽키 비지니스〉 대담(후루카와 히데오) 중에서

하루키의 작품은 대부분 해외에서도 원서의 제목을 그대로 사용한다. 하루키에게 있어 제목이 갖는 의미는 무엇일까?

전 대부분의 경우 소설을 시작할 때, 제목부터 정하고 시작합니다. 그렇지 않았던 유일한 예외가 바로 《노르웨이의 숲》이었어요. 제목을 정하지 않고 써 내려간 후, 나중에 제목에 대해 고심해 보았죠. 그러나 대개 이야기의 제목을 마음 속에 간직하고 써내려 갑니다. 새가 알을 부화시키는 것처럼 말이죠.

- 2001년 독일 일간지 〈디 차이트〉 인터뷰 중에서

《노르웨이의 숲》에서의 와타나베는 당시 1960년대 학생 운동의 한가운데에 놓여 있다. 하지만 그는 매우 냉담하게 묘사되고 있는데 하루키의 성향은 어떠했을까?

저는 매우 정치적인 사람입니다. 저는 저의 신념을 가지고 있으며, 그 후에 행동합니다. 하지만 저는 모든 그룹이나 단체를 믿지는 않았어요. 저는 그 어떤 정당이나 정치적 연합의 멤버였던 적이 없어요. 저는 당시 학생 운동에 대해 동정을 느꼈어요. 그러나 전 외톨이였죠. 내가 무슨 일을 할 수 있을까. 전 항상 다른 사람의 도움 없이 혼자 지낼 수 있도록 스스로를 만들었던 것 같아요. 이것이 제 스타일이었죠. 전 《노르웨이의 숲》의 화자인 주인공을 정말 좋아했어요.

- 2003년 오스트리아 일간지 〈디 프레세〉 인터뷰 중에서

위 인터뷰 내용을 보면, 와타나베는 하루키와 동일 인물이라고 생각해도 무리가 없을 것 같다.

1Q84의 세계로 들어가다

도쿄(5)
덴고와 아오마메를 찾아서

"당신의 하늘에는 달이 몇 개 있나요?"
'이 말은 즉 당신도 누군가 잊지 못하는 사람이 있나요?'와 같은 질문인 것 같다. 하루키는 《1Q84》에서 비로소 사랑의 힘의 완성을 보여 준다. 덴고와 아오마메가 놀이터 미끄럼틀 위에서 손을 잡는 장면은 하루키 독자들에게는 일종의 구원과도 같았을 것이다. 이런 3권의 결말에 많은 비평이 엇갈렸고, 그래서 4권이 나올 것이라는 기대도 있는 것이 사실이다.
하루키가 이야기하듯 이전의 이야기와 이후의 이야기도 분명 존재할 것이다. 어쩌면 지금도 고엔지에서 덴고와 아오마메가 함께 지내고 있을지도 모른다. 나 역시 《1Q84》의 다음 이야기가 너무나 궁금하지만, 이것은 이것대로 좋다는 하루키식 사고 방식으로 생각하고 싶다.

《1Q84》로 하루키는 환상 문학 대상과 아테네 외국 문학상을 수상했는데, 아테네상의 선정 이유는 "디스토피아적인 사회 안에서 아름다운 사랑의 유토피아를 보여 준 미니멀리즘한 실존적 스릴러"라는 것이다. 하지만 나는 하루키가 보여 준 사랑의 힘만 기억하기로 했다.

요즘도 가끔 하늘을 처다보며 달이 몇 개인지 헤아려 보는데, 종종 가로등 불빛과 헷갈려 드디어 여기도 달이 두 개 뜬 건가 하며, 잠시 흥분하기도 한다.

시부야, 고엔지 MAP

❶ 수도 고속도로 3호선 비상계단
주소 東京都目黒区青葉台4-9

❷ 시부야 모텔 거리 입구 계단
주소 東京都渋谷区道玄坂2-28-1

❸ 스타벅스(시부야 문화거리점)
주소 東京都渋谷区道玄坂2-25-6(文化村通店)

❹ 세븐일레븐(시부야 마루야마초점)
주소 東京都渋谷区円山町1-19(円山町店)

❺ 고엔지 중앙 공원
주소 東京都杉並区高円寺南4-31
위치 고엔지(高円寺) 역 남쪽 출구에서 도보 5분

덴고와 후카에리가 찾아간
후타마타오 역

《1Q84》에서 덴고와 후카에리는 에비스노 선생을 만나기 위해 JR 주오센 신주쿠 역의 플랫폼 맨 앞칸에서 만나 주오센을 탄다. 그리고 특급 열차에 올라 두 번 갈아타고 1시간 30분 정도의 시간이 지나 후타마타오 역에 도착한다.

후타마타오 역은 산으로 둘러싸여 있어 휴일에 트래킹을 하기 위해 모여든 사람들이 종종 눈에 띄었다. 역에 도착하니 빗방울이 조금씩 떨어지기 시작했다. 주변을 둘러보니 하루키가 왜 이곳을 에비스노 선생이 숨어 사는 곳으로 정했는지 알 것 같았다.

소설 속에서 덴고와 후카에리는 택시를 타고 산 속으로 올라가는데, 과연 이곳은 한적한 도쿄 외곽의 시골 동네이면서 마을을 조금만 벗어나면 바로 산길로 이어지는 곳이다. 근처의 산자락 어디쯤에 후카에리 아버지의 친구이자 그녀를 보살펴 준 에비스노 선생이 살고 있을 것만 같은 기운이 느껴졌다.

후타마타오 역 二俣尾駅
주소 東京都青梅市二俣尾4-1074
지도 p. 202

《1Q84》의 작중에는 역 주변에 아무것도 없다고 묘사되어 있지만 꽤 오래되어 보이는 편의점 쿨마트가 하나 있었다. 문득 출출함이 느껴져 단팥빵과 녹차를 사 들고 역 주변을 천천히 둘러보았다. 고즈넉함이 느껴지는 한적한 마을은 산책하기에도 좋았다.

소나기도 한 차례 지나가고, 여행객인 나는 덴고와 후카에리의 그 절박한 심정은 아님에 조금은 머쓱해지기도 했다. 역 주변 곳곳을 둘러보고 1시간에 두 대 있는 기차를 타기 위해 다시 플랫폼으로 돌아왔다.

덴고의 아버지가 생활하는 요양원이 있는 곳
지쿠라 역

하루키의 작품 속 주인공들은 모두 도시 속의 자립한 20~30대이며, 가족이나 공동체 생활에서 오는 문제보다는 지극히 개인적인 문제들을 좇는 인물로 묘사된다. 게다가《해변의 카프카》에서는 15세의 소년도 역시 혼자 집을 나와 멀리 시코쿠까지 여정을 떠나게 된다.

그런데《1Q84》에서는 남자 주인공 덴고가 아버지에 대한 알 수 없는 감정을 나타내며 아버지와의 화해를 시도한다는 점이 신선하게 받아들여진다. 하루키가《1Q84》를 집필하던 때에 돌아가신 아버지의 영향이 있었을 것이다.

덴고는 지쿠라의 요양원에 있는 아버지를 보러 갔다가 공기번데기와 마주하고, 병원의 간호사들과의 기묘한 일도 겪는다. 또한 지쿠라로 가는 도중 묘사되는 작품 속의 작품〈고양이 마을〉도 독자들에게는 강렬한 인상으로 남아 있을 것이다.

도쿄를 벗어난 열차는 2시간 남짓을 달려 특급 열차의 종착지인 아와가모가와 安房鴨川 역에 내렸다. 곧이어 지쿠라까지 가는 보통 열차를 타

지쿠라 역 千倉駅
주소 千葉県南房総市千倉町瀬戸2079
지도 p.202

고 1시간 30분 정도를 더 달렸다. 그렇게 도착한 지쿠라 역은 여느 시골 동네의 역 풍경이었다. 다만 여름에 해변이 붐비는 시기를 위해 관광안내소가 운영 중이며, 기차역 건물도 신식이라는 것이 조금 놀라웠다. 이곳 치바 현은 얼마 전 타계한 하루키의 친구이자 일러스트레이터인 안자이 미즈마루의 고향이기도 하다.

홈메이드 카레
ホームメイドカレー
주소 도쿄 역 마루노우치 출구 남북 통로(북쪽 개찰구 근처)

출발 전 도쿄 역에서 JR 게이요센京葉線을 타기 위해 이정표를 따라 걷다가 '홈메이드 카레'라는 가게를 발견했다. 소설 속에서 덴고가 카레를 먹었던 곳도 이곳이 아니었을까? 식사 전이라면 덴고가 들른 이곳 카레집에서 배를 채우고 여정을 떠나 보자.

《1Q84》의 스토리가 시작되는 곳
수도 고속도로 3호선 비상계단

아오야마와 오모테산도 지역이 하루키 소설 속 주인공들의 사회적 지위를 나타내며 그 속에서 그들의 부패한 모습을 보여 준다면, 시부야는 드러내 놓고 어둡고 추악한 모습을 보여 주는 곳으로 등장한다.《어둠의 저편》의 모든 사건이 시부야에서 일어나고,《1Q84》에서 아오마메가 1984년에서 1Q84년으로 들어가는 곳도 시부야 진입 직전의 수도 고속도로다.

《1Q84》에서 이 수도 고속도로의 비상계단은 매우 중요한 장치로 작용한다. 아오마메가 다른 세계로 들어가는 접점이고, 다시 덴고와 함께 탈출하려고 하는 곳도 이곳이다. 하루키의 작중 묘사의 주 테마인 '패러럴 월드'의 전환 지점이라는 점에서 더욱 중요한 곳이다.

여행을 시작하기 전 사전 조사에서는 이 비상계단의 위치를 파악할 수 없었기에 실재하지 않는 곳으로 생각하고 있었다. 일본의 무크지에서조차 소설에서 묘사한 지점에는 비상계단이 없어 근처 다른 곳의 계단

수도 고속도로 3호선 비상계단
주소 東京都目黒区青葉台4-9

아오마메가 택시를 타고 들어간 수도 고속도로 입구

시부야 방향으로 수도 고속도로를 따라 걷다

사진을 사용하기도 했는데, 포기하지 않고 소설 속에서 묘사한 대로 산겐자야 쪽에서 시부야 방향으로 찾아간 곳에 엄연히 수도 고속도로 3호선의 비상계단이 존재하고 있었다.

비상계단을 발견한 순간 나는 《1Q84》의 세계와 맞딱드렸다. 계단에서 멀지 않은 곳에는 경찰서도 있었다. 소설 속에서 아오마메는 자신이 다른 세계로 들어왔다는 것을 경찰이 차고 있는 권총에서 알아차린다. 그 순간 주변의 풍경이 마치 《1Q84》의 세계로 물들어가는 듯했다. 기대하지 않은 장소를 찾았다는 기쁨보다 소설 속 세계로 빨려들어갈 것 같은 느낌이 더 가슴 설레게 했다.

비상계단으로 가기 직전에 위치한 경찰서

수도 고속도로 3호선의 비상계단 주위를 한참 거닐다 보니 어느덧 어스름이 깔리기 시작하고, 아오마메를 기다리고 있는 듯한 택시까지 비상등을 켜고 있었다. 이곳에서 나는 파인딩 하루키 여정 중에서 최고의 순간을 맞이하고 있었다.

《어둠의 저편》에 등장하는
시부야 모텔 언덕

수도 고속도로 3호선을 따라가다 시부야로 가는 언덕을 넘으면 《어둠의 저편》(애프터 다크, アフターダーク, 2004)에 등장하는 모텔 언덕과 소설 속 장소로 등장하는 스타벅스와 세븐일레븐을 만날 수 있다.

《어둠의 저편》은 시부야 유흥가를 배경으로, 자정부터 아침 7시까지 두 자매와 모텔에서 벌어지는 살인 사건을 중심으로 인간의 실존적인 문제를 다루고 있다.

소설은 쉽게 읽히지만, 소설 속에서 묘사되는 시부야의 모습은 역시 하루키다운 필치로 디테일하게 묘사되어 있어 한동안 그 장면이 머릿속을 떠나지 않았다. 소설에 등장하는 러브 호텔 알파빌은 실재하지 않지만, 거리로 들어가는 계단 언덕이 있고, 그 계단을 올라가면 모텔과 러브 호텔들이 자리 잡고 있다. 소설 속에 등장하는 스타벅스와 세븐일레븐도 모두 위치하고 있다.

화려하고 번화한 시부야의 이면을 들여다보는 하루키적 시선이 돋보이는 장소라는 생각이 들었다.

시부야 모텔 거리 입구 계단
주소 東京都渋谷区道玄坂 2-28-1

스타벅스(시부야 문화거리점)
주소 東京都渋谷区道玄坂 2-25-6(文化村通店)

세븐일레븐(시부야 마루야마초점)
주소 東京都渋谷区円山町 1-19(円山町店)

선구의 리더가 살해된 장소
오쿠라 호텔

《1Q84》에서 선구의 리더가 아오마메에게 살해된 곳은 롯본기에 위치한 오쿠라 호텔이다. 오쿠라 호텔은 해외 유명 인사들이 자주 묵는 특급 호텔이다. 동서양의 문화가 잘 접목된 고급 호텔로 위엄 있고 독특한 외관이 인상적이다. 하루키가 이곳을 선구의 리더가 묵는 곳으로 설정한 것은 그만큼 지위가 있는 캐릭터를 묘사하기 위해서였을 것이다.
소설 속에서 리더가 아오마메에게 죽임을 당하는 날 천둥 번개를 동반한 폭우가 내리며 호텔 주변이 물에 잠기는데, 오쿠라 호텔이 롯본기六本木의 언덕에 위치하고 있어 그 묘사와 지리적으로도 일치한다.

나중에 이곳에서 묵게 될 일이 있다면, 과연 잠이 올까 싶기도 하다. 어둠 속에서 아오마메가 말을 걸어 오지 않을까? 오쿠라 호텔을 방문할 예정이라면 비가 오는 날은 피하는 게 어떨까.

오쿠라 호텔 도쿄
ホテルオークラ東京
주소 東京都港区虎ノ門2-10-4
위치 롯본기 잇초메(六本木一丁目) 역에서 도보 10분
지도 p.205

덴고와 아오마메가 만나는
고엔지 중앙 공원

수도고 3호선 비상계단이 소설 속 세계의 전환점이라면, 고엔지의 아파트는 덴고와 아오마메가 다시 만나 손을 잡는 장소로, 소설의 클라이맥스가 펼쳐지는 곳이다. 서로가 옛 기억을 되살리고 둘은 결국 이곳 고엔지 놀이터 미끄럼틀 위에서 만나게 된다.

고엔지 중앙 공원 高円寺中央公園
주소 東京都杉並区高円寺南4-31
위치 고엔지(高円寺) 역 남쪽 출구에서 도보 5분

고엔지 중앙 공원은 소설 속의 묘사와 같이 고엔지 역 남쪽에 위치해 있다. 놀이터 안에 미끄럼틀도 있고, 덴고가 머물렀던 6층짜리 맨션도 있다. 그 맨션 맞은편에는 우시카와가 망원경으로 훔쳐 보는 장소로 보이는 맨션도 존재하고 있다.
미끄럼틀이 1984년 시대의 느낌이 아니어서 감정이 잘 살지 않을 것 같았지만, 소설 속 중요한 장소에 서 있다는 것만으로도 감격스러웠다.

해가 뉘엿뉘엿 질 때까지 여유로움이 느껴지는 공원이었다. 이 공원에서 시간을 보내며 《1Q84》 3권에서 덴고와 아오메마가 만나는 부분을

다시 읽어 보았다. 4권에서는 덴고와 아오마메가 선구라는 단체에 대한 의문을 해결하고 다시 이곳에 서게 될까?

《1Q84》는 1, 2권이 먼저 쓰여지고 1년 뒤에 3권이 나왔다. 하루키는 이 소설을 통해 아버지와의 화해를 시도하고 있으며, 또한 사랑의 힘에 대해 강력하게 얘기하고 있다.

하루키가 덴고와 아오마메를 이 미끄럼틀 위에서 다시 만나게 한 것은 사랑의 힘의 정점이었다. 독자로서는 4권이 나오기를 바라지만, 하루키에게는 그때 마주 잡은 두 사람의 손으로 이미 《1Q84》의 이야기는 끝을 맺었다고 볼 수도 있을 것이다. 지금도 계속되고 있을 《1Q84》의 세계는 과연 하루키의 손에 의해 다시 전개될까.

하루키 인터뷰

《1Q84》에 관해

2009년작인 《1Q84》는 상당한 분량의 복잡한 3부작 소설이라고 볼 수 있다. 하루키는 이 복잡한 스토리를 어떻게 생각해 냈을까?

《1Q84》는 1, 2부가 쓰여지고, 3부는 1년 뒤에 출간되었어요. 《1Q84》는 정말 작은 생각에서 시작되었죠. 누군가 택시에서 내려 비상계단을 통해 고속도로에서 아래로 내려옵니다. 무슨 일이 있는 걸까? 그 일을 발단으로 제 손에서 그 다음 이야기들이 만들어졌어요. 처음에는 그녀가 어디에서 온 건지 어디로 가는 건지 아무런 생각도, 정보도 없었어요. 그러나 호기심만은 계속 유지했죠. 그런 '알 수 없는' 것이 제가 소설을 써내려 갈 수 있는 원동력입니다.

– 2014년 네덜란드 일간지 〈NRC〉 인터뷰 중에서

《1Q84》는 1995년 일본을 강타한 두 가지 사건인 한신 대지진과 지하철 사린 테러 같은 사회 문제를 내포하고 있다. 이 두 사건은 하루키에게 어떤 영향을 끼쳤을까?

그 두 사건과 2001년 9.11 테러 이후 저는 사회 문제에 더욱 민감하게 되었어요. 고베 대지진과 사린 가스 테러는 일본 사회가 지니고 있던 어떤 폭탄이 터진 것으로, 일본 사회 시스템의 강성한 모습의 끝을 보여 주었다고

생각합니다. 우리는 더 이상 기존과 같은 방식으로 생각하면 안 됩니다. 우리 각자 안에 자리잡고 있는 해악에 대해 인식하고 있어야 한다고 생각합니다. …(중략)… 지하 세계 집단의 망상에 빠진 개인이 받는 핍박에 대해 관심이 많았어요. 한신 대지진과 사린 테러 사건으로 일본인들이 가지고 있던 평온하고 차분한 개인 인식이 사라져 버렸죠. 9.11 테러로 우리 모두가 당연하게 안전하다고 생각하는 세계에 대한 어떤 무의식적인 신뢰도 처참히 무너져 버렸고요. 이전의 자신감이 혼란으로 순식간에 뒤바뀌어 버리게 된 거죠.

- 2011년 프랑스 일간지 〈르 몽드〉 인터뷰 중에서

하루키는 《1Q84》를 집필하며 가장 힘들었던 점을 다음과 같이 말하고 있다.

휴대 전화도 없고 인터넷도 없었던 시대의 묘사였어요. 무엇을 묘사하든 어려움이 따라다니는 시대였고, 지금도 소설을 읽은 독자들로부터 실수가 지적될지도 모릅니다. 왜냐하면, 등장 인물이 원하는 걸 찾기 위해서는 인터넷에서 구글을 검색하는 대신 도서관에서 시간을 보내야 했기 때문이죠. 이전의 세계는 상황이 매우 느리게 진행된 세계였던 것 같습니다. 하지만 등장 인물들의 불편이 이야기를 진행해 나가는 데에는 상당히 매력적인 요소로 작용했습니다.

- 2011년 스페인 일간지 〈라 반구아디아〉 인터뷰 중에서

《1Q84》의 여성 캐릭터 아오마메는 매우 아름답고 이상적인 인물이다. 소설을 쓰면서 하루키는 스스로 사랑에 빠지기도 할까?

전 강한 여성이 좋아요. 《1Q84》의 아오마메처럼요. 실제로 많은 부분에서 남자 주인공을 쓰는 것보다 여자 주인공에 대해 쓰는 것이 훨씬 재미있습니다. 덴고의 경우, 아오마메와는 반대편에 서지만 작가인 저와는 더 가깝죠. 전 덴고를 잘 알아요. 저와 많은 부분에서 비슷하거든요. 전 그가 무엇을 느끼고 무엇을 하는지 잘 알죠. 그러나 아오마메에 대해 쓴다는 것은 저에게는 큰 도전이에요. 제 상상력의 기어를 몇 단계나 위로 올려야 하거든요. 하지만 전 어떤 캐릭터와도 사랑에 빠진 적이 없어요.

아오마메는 플로베르의 보바리 부인과 같이 소중한 존재이기는 하지만, 제가 소설을 쓰고 있는 그 순간 만큼은 캐릭터로서 인식을 하고 있어야 하죠. 아오마메 부분이 끝나면 바로 덴고 부분이 나오게 되죠. 이렇게 균형을 맞춰 나가는 겁니다. 그렇게 한 장소에서 다른 장소로, 여자 캐릭터에서 남자 캐릭터로 말이에요. 전 어디에도 연결되어 있지 않아요. 작가는 원하면 언제든 오고 가고 할 수 있어야 해요.

- 2014년 독일 주간지 〈디 차이트〉 인터뷰 중에서

작품 속에 등장하는 '리틀 피플'이라는 존재에 대한 하루키의 의견을 들어 보자.

리틀 피플은 집단적 무의식의 표상이라고 보시면 됩니다. 그들은 어두운 시대와 장소에서 나타납니다. 전 리틀 피플이 수천 년 전부터 존재해 왔다는 것과 그들이 원하는 것을 상상할 순 있어요. 하지만 그것을 모두 독자에게 이해시키는 건 작가의 역할이 아니라고 생각해요. 독자들이 리틀 피플은 공동의 힘으로 존재하는 옳지 못한 어떤 것으로 받아들이는 것만으로도 충분합니다. 중요한 것은 독자들 앞에 펼쳐져 있는 것은 거대한 어떤 힘이라는 것이죠.

- 2011년 프랑스 주간지 〈르 푸앙〉 인터뷰 중에서

2011년 카탈로니아상 수상을 위해 스페인 체류 중 가진 인터뷰에서 하루키는 《1Q84》의 4권에 대해 언급해서, 팬들이 더 기대하게 만들기도 했다. 과연 하루키는 《1Q84》의 4권을 집필할까?

아마 4권을 낼 것이라고 생각하지만(나오게 될지 모르겠지만), 그러면 덴고도 그만큼 더 나이를 먹고 있겠죠.

- 2011년 스페인 일간지 〈라 반구아디아〉 인터뷰 중에서

세계의 끝과 하드보일드 원더랜드

도쿄(6)
현실과 이상, 어느 곳에 머물까

하루키의 네 번째 장편 소설 《세계의 끝과 하드보일드 원더랜드》는 하루키의 작품 세계인 패러럴 월드 구조가 처음으로 윤곽을 드러내며 독자들을 매료시킨 작품이다. 이 작품으로 하루키는 다니자키 준이치로 상을 수상했다.

이 소설의 모티브이기도 하고, 하루키의 모든 작품을 설명할 때 기본이 되는 이야기가 있다. 이에 대해 언급한 인터뷰를 살펴보자.

그 소설들의 중요한 모티브가 되는 것은 그리스 신화의 오르페우스 이야기에요. 그는 죽은 아내를 되찾기 위해 지하의 저승 세계로 내려가죠. 인류는 예전부터 살고 있

는 표면 아래 다른 현실이나 세계가 있다고 믿었죠. 저 역시 그것을 믿습니다. 물론 메타포(은유)로서 말이죠. 지금 이 세계에서 당신이 살고 있는 집을 상상해보세요. 지하실이 있고, 1층이 있고, 2층이 있죠. 하지만 제가 믿는 신념은 그 지하실 아래에 또 다른 저장고가 있다는 거에요. 만약 우리가 그곳에 가고 싶다고 하면 우리는 들어갈 수 있습니다. 제 소설에서는 이런 제 신념의 구조를 집어넣게 되는 겁니다.

- 2003년 오스트리아 일간지 〈디 프레세〉 인터뷰 중에서

'직감적으로 글을 써 내려가면, 글을 구성하고 창조하는 면에 있어서 부족함을 느끼지 않을까'라는 질문에 하루키는 다음과 같이 대답하고 있다.

이 소설은 두 개의 세계가 평행으로 존재하는 패러럴 월드를 그리고 있어요. 처음에는 두 개의 세계를 어떻게 같이 써내려갈지, 두 세계를 어떻게 연결시킬지 알 수 없었죠. 그러나 직감적으로 괜찮은 소설이 될 것이라고 느꼈어요. 저 없이도 게임이 돌아갈 수 있도록 프로그램해야 해요. 플레이어는 제가 프로그래머로서 어떻게 했는지 알 수 있게 되죠. 독자도 마찬가지일 거에요.

- 2014년 네덜란드 일간지 〈NRC〉 인터뷰 중에서

'파인딩 하루키' 여정도 어느새 끝나가려 하고 있다. 지금 내가 있는 곳이 하루키가 말하는 '세계의 끝'이라면, 내가 돌아가야 할 곳은 '하드보일드 원더랜드'일 것이다. 주인공은 결국 세계의 끝에 남기로 결심을 하게 되는데, 나 역시 이곳 파인딩 하루키 세계에 남고 싶을 것만 같다.

일본 근현대 문학이 집대성된
일본 근대 문학관

일본 근대 문학관은 도쿄 메구로구에 위치한, 1967년에 세워진 문학관으로 도쿄 나리타에도 별관이 있다. 일본 근현대 문학을 집대성하고 후대에 온전히 전하기 위해 국책 사업으로 설립된 곳이다.
이곳에는 하루키의 소설은 물론 그가 번역한 레어민드 카버 전집을 비롯한 번역서도 함께 보관되어 있다. 일본 최초의 노벨문학상 수상 작가이며, 《설국》으로 유명한 가와바타 야스나리가 초대 관장을 지내기도 했다.
도쿄 여정 중에 따스한 봄날씨와 함께 가장 여유로운 시간을 보냈던 곳이다. 여정이 조금씩 마무리되어 가면서, 허전한 마음을 커피로 차분히 달래기도 했다.
근처에 도쿄 시민들이 사랑하는 요요기 공원도 있으니 함께 코스로 넣어 보자. 요요기우에하라 역에서 도보로 접근이 가능하다.

일본 근대 문학관 日本近代文学館
주소 東京都目黒区駒場4-3-55
홈페이지 www.bungakukan.or.jp
지도 p.205

요요기 공원 代々木公園
주소 東京都渋谷区代々木神園町・神南2
시간 05:00~20:00(10월~4월 17:00까지)

소설 속 '최후의만찬' 메뉴가 있는
분단 카페

카페 분단ブンダン은 일본 근대 문학관日本近代文学館 건물 1층에 있는 문학 카페다. 카페의 메뉴 중에는 일본 작가와 셰익스피어의 소설 또는 생활에 묘사된 요리가 준비되어 있는데, 하루키의 《세계의 끝과 하드보일드 원더랜드》에 등장하는 스트라스부르크 소시지와 샐러드가 정식 메뉴로 마련되어 있다.

카페에 들어가니 조용한 재즈가 흘러나오고, 젊은 두 남녀 직원이 능숙하게 서빙을 해 주었다. 메뉴는 주저 없이 '하드보일드 드링크 세트(1,100엔)'를 선택하고 음악을 들으며 조용히 카페 안의 공기를 음미했다. 《세계의 끝과 하드보일드 원더랜드》의 주인공 '나'가 맞이한 최후의 만찬을 받으니, 비로소 '파인딩 하루키'의 여정도 끝나가고 있다는 것을 실감하게 되었다. 소설 속 주인공은 결국 현실 세계로 돌아가지 않고 '세계의 끝'에 남는 결정을 내리는데, 나는 아직 어떻게 해야 할지 결정하지 못한 채 카페를 나와 역을 향해 걸었다.

분단 카페 ブンダン(BUNDAN)
주소 東京都目黒区駒場4-3-55日本近代文学館
위치 도쿄 메트로 요요기우에하라(代々木上原)역 남쪽 출구에서 도보 10분
시간 09:30~16:30
휴일 월, 일요일, 매주 4째 주 목요일
전화 03-6407-0554
지도 p.205

하드보일드 원더랜드에서의 마지막 휴식
히비야 공원

《세계의 끝과 하드보일드 원더랜드》의 주인공은 렌트카를 끌고 히비야 공원 옆에 주차하고 밀러 하이 라이프 맥주를 사서 공원 잔디에 드러누워 맥주를 마신다. 그리고 다시 하루미 부두로 차를 끌고 가서 '하드보일드 원더랜드'에서의 삶을 마무리한다.

히비야 공원은 두 번째 방문이었는데, 도쿄 중심부의 높은 빌딩 숲 속 최고의 공원이라는 생각을 하게 된다.

히비야 공원에서 밀러 맥주로 마지막 만찬을 하고 하루미 부두로 간 '나'는 렌트한 도요타 카리나 1800GT 안에서 목숨을 끊는다. 주인공은 현실의 '하드보일드 원더랜드'에서의 삶을 끝내고 그림자와 작별을 하며, '세계의 끝'인 의식의 세계에서 계속 살기로 마음 먹은 것이다. 자아의 존재에 대한, 개인의 의식의 중대함에 대한 하루키의 작가 정신을 잘 알 수 있는 결말이라고 생각한다. 사실 이 소설의 모티브가 된 단편 소설 〈거리와 그 불확실한 벽〉에서는 주인공이 다시 현실 세계로 돌아오지만, 장편에서는 하루키의 마음이 바뀐 걸 알 수 있다.

히비야 공원 日比谷公園
주소 千代田区日比谷公園
위치 히비야센(日比谷線) 히비야(日比谷)역에서 도보 2분
지도 p. 205

하루미 부두

하드보일드 원더랜드에서의 삶을 마무리하는

히비야 공원에서 버스 03번(200엔)을 타고 종점까지 가면 하루미 부두에 도착한다. 《세계의 끝과 하드보일드 원더랜드》의 주인공은 이곳에서 '하드보일드 원더랜드'에서의 삶을 마무리한다.

하루미 부두에서는 새롭게 출항하는 배가 출항식을 갖는지 선착장에 정박한 배 안에는 사람들로 가득했다. 하루미 부두는 여행객들에게는 잘 알려지지 않은 곳이라 관광객은 거의 없었다. 하지만 부두에 서면 레인보우 브리지를 볼 수 있어 도쿄 시민들은 야경 명소로 이곳을 선호한다.

도쿄 여행 때마다 매번 찾아가는 오다이바에 조금 지쳤다면, 이번에는 반대편에 있는 하루미 부두에서 야경과 함께 하루키 작품의 기운을 느껴 보는 것은 어떨까.

하루미 부두 晴海埠頭
주소 東京都中央区晴海5-7-1
위치 가치도키(勝どき) 역에서 도보 8분, 히비야 공원 앞에서 '히비야 버스' 3번, 5번을 탑승
지도 p.205

Interview

하루키 인터뷰

영향 받은 작가와 작품에 대해

하루키가 미국 문학에 많은 영향을 받은 것은 잘 알려져 있는 사실이다. 그가 가장 좋아하는 작품은 무엇이고, 그 작품들로부터는 어떤 영향을 받았을까?

스콧 피츠제럴드의 《위대한 개츠비》에요. 2년 전에 이 책을 번역했죠. 전 이 책을 20대부터 번역하고 싶었어요. 하지만 그 당시에는 준비가 되어 있지 않았죠. - *2008년 미국 시사 잡지 〈타임〉 이메일 인터뷰 중에서*

10대 시절 영화, 음악, 책 등 미국 문화의 모든 것을 흠모하며 성장했다고 봐도 과언이 아니에요. 1960년대는 미국의 시대였잖아요. 모든 사람들이 당시의 미국 문화에 매료되고 사랑할 수밖에 없었죠. 그것은 제가 당시 살고 있던 닫힌 사회 안에서 무언가를 표출하고 꿈을 꾸어 온 것이라고도 볼 수 있을 것 같아요. 그러면서 일본 문학은 가까이 하지 않게 되었죠. 일본 문학은 읽지 않았어요. 그리고 제가 서른 살이 되었을 때, 불현듯 무언가 쓰고 싶어졌어요. 그러면서 자연스레 레이먼드 챈들러, 커트 보네거트의 이야기 구조를 빌려 오게 되었죠. - *2001년 독일 주간지 〈디 차이트〉 인터뷰 중에서*

하루키는 많은 외국 작가의 영향을 받았다고 고백하지만, 그와 동시에 자신만의 스타일을 만들어 왔고, 일본어를 쓰는 일본 작가라는 것을 항상 염두에 두고 집필하고 있다고 강조한다.

빌려 온 구조 속에 제 이야기를 채워 나간 겁니다. 제 자신만의 개인적 시스템을 만들기 위해 이용했을 뿐입니다. 이것은 매우 개인적인 거에요. 그렇게 제가 만들어 낸 제 시스템은 해를 거듭할수록 세련되어지고, 강해지고, 더 나은 이야기가 되었다고 생각해요. 전 이런 작업을 해 오는 동안 일본인으로서의 정체성을 전혀 잃지 않았다고 자신할 수 있습니다. 어느 누구의 스타일도 아닌 하루키 스타일이죠.

- 2001년 독일 주간지 〈디 차이트〉 인터뷰 중에서

전 다독가였어요. 어린 시절 19세기 러시아 문학을 걸신 들린 듯이 읽어 나갔죠. 도스토옙스키, 톨스토이, 투르게네프, 푸시킨. 특히 두꺼운 책은 저에게 많은 것들을 주었어요. 모든 독서를 좋아하지만, 특별히 '총서류(Total Novel)'를 좋아합니다.

미국 문학을 얘기하자면, 순수한 오락, 하드보일드 미스테리, 과학 소설들이었죠. 또한 유럽으로부터 온 프랑스어, 영어, 독일어 소설도 많이 읽었어요. 그런데 일본 문학에 있어서는 좋은 독자가 되지 못했죠. 왜 그랬는지 잘 모르겠어요. 제 부모님이 학교에서 일본어와 일본 문학을 가르치셨는데, 아마도 저는 부모님이 학생들에게 읽으라고 추천하는 책을 읽고 싶지 않았던 것 같아요.

제 독서 스타일을 굳이 표현하자면 '중립적인' 스타일이었다고 말할 수 있을 것 같아요. 그러나 전 일본에 살고 있고, 일본 사람임을 잊지 않습니다. 제가 '미국화'되어 있다는 말을 전 그다지 좋아하지 않습니다. 전 일본인이고 우선적으로 일본 독자들을 위해 소설을 쓰고 있습니다.

- 2003년 오스트리아 일간지 〈디 프레세〉 인터뷰 중에서

하루키의 오이소 자택을 찾아서

도쿄(7)
하루키가 사는 곳 : 오이소

하루키는 여러 인터뷰에서 자신은 일본인이고 일본 사람으로서 생각하는 것들에 대해 소설을 쓴다고 강조한다.

국적을 초월한 보편적인 개인의 깊은 문제에 대해 얘기해 온 하루키는 종종 독자들로 하여금 그가 일본 작가라는 것을 잊어 버리게 하는 힘이 있는 것 같다. 그런 오해로부터 자유롭고 싶은 하루키는 인터뷰에서 매번 자신은 일본인임을 강조하는 것이며, 일본에서 큰 사건이 일어날 때마다 일본으로 돌아가 아픔을 함께 나누어 왔다.

최근 하루키는 일본에서 얼마 전까지 사용하고 있던 아오야마의 사무실을 내놓고, 하와이의 사무실에 오래 머물고 있는 듯하다. 최근 인터뷰에서는 하와이에 머물면서 교토에 있는 연로하신 어머니를 뵙기 위해 두 달에 한 번 일본으로 돌아간다고 했다.

하루키는 도쿄의 근교인 가나가와 현의 오이소에 집을 소유하고 있는데 산 중턱에 있는 소박하지만 기품 있는 집이다. 이곳 오이소는 유명한 예술인들이 도쿄로부터 떨어져 지내고 싶어 많이 찾는 곳이라고도 한다. 하루키의 에세이집인 《무라카미 라디오村上ラヂオ》의 동판 그림 작업을 함께 해 온 일러스트레이터 오하시 아유미大橋步가 그의 집에 방문한 일화를 잡지 〈아르네アーネ〉에 소개했는데, 그 집이 바로 오이소의 자택이다.

세계 시민으로서 작품 활동을 계속 해 나가고 있는 작가 무라카미 하루키의 일본 집은 어떤 곳일까. 오이소에서는 하루키를 만날 수 있을까?

MAP
도쿄 근교 오이소

❶ 오이소 역
주소 神奈川県中郡大磯町東小磯1

❷ 시나몬 잉크 자료실
주소 神奈川県中郡大磯町東小磯

❸ 후나바시야 오리에
주소 神奈川県中郡大磯町大磯1035
위치 오이소 역에서 남쪽으로 300m
전화 0463-61-1316
시간 08:30~18:30(일요일 휴무)

❹ 후지사와 역
주소 神奈川県藤沢市藤沢75

❺ 가타세니시하마 해수욕장
주소 神奈川県藤沢市片瀬海岸2
위치 쇼난카이간공원 역에서 500m

❻ 호놀룰루 식당
주소 神奈川県藤沢市片瀬海岸3-24-25
전화 0466-24-3223
위치 쇼난카이간코엔(湘南海岸公園) 역에서 600m
시간 11:00~14:00(토: 10:00~14:00), 월요일 휴무

하루키 자택이 있는 오이소 역 근처

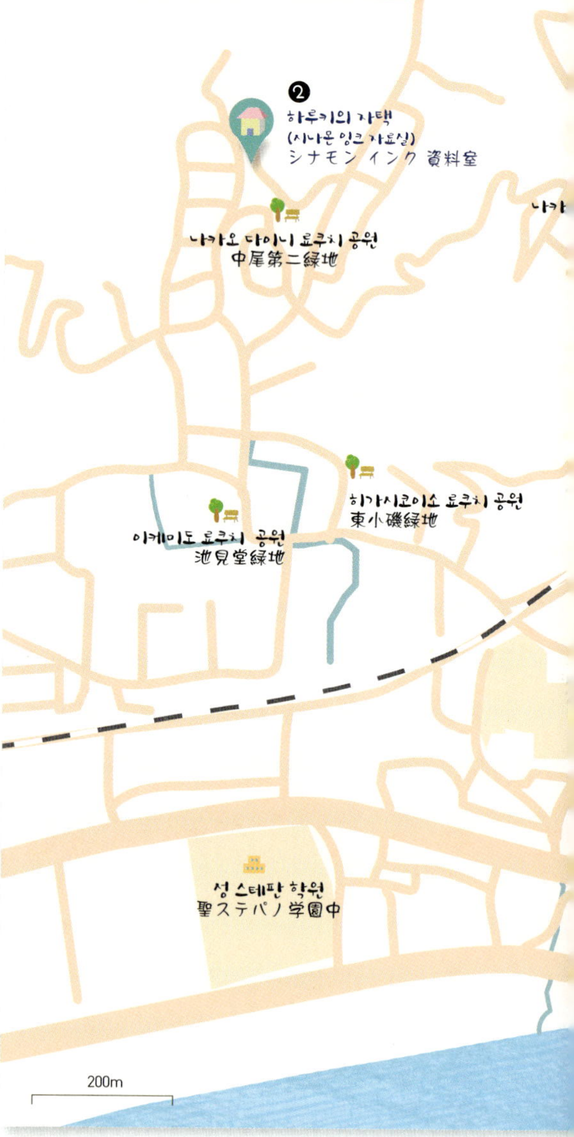

❷ 하루키의 자택 (시나몬 잉크 자료실) シナモンインク 資料室

나카오 다이니 료쿠치 공원 中尾第二緑地

히가시오이소 료쿠치 공원 東小磯緑地

이케미도 료쿠치 공원 池見堂緑地

성 스테판 학원 聖ステパノ学園中

200m

오이소에있는 하루키의자택
시나몬 잉크 자료실

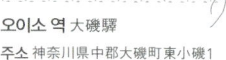

일찌감치 숙소를 나서 JR 도카이센東海線을 타고 요코하마橫濱와 후지사와藤沢를 지나 오이소에 닿았다. 하루키는 오이소에서 집을 몇 번인가 옮겼기 때문에 오이소 시의 블로그에 있는 정보도 현재의 정보가 아니었다. 그 덕에 오이소 역에 도착해 처음 1시간 반가량을 오이소 역의 남쪽 바닷가 마을에서 헤맸다.

잡지 《아르네》에서 보았던 오하시 아유미의 글을 떠올려, 거실 창문에서 산 능선이 보인다고 한 것을 생각해 내고, 다시 오이소 역으로 돌아가 역 너머 산등성이의 주택들이 있는 곳으로 향했다.

오이소 역에서 나와 우측으로 철길을 따라 200미터쯤 내려와, 오른편으로 난 굴다리를 통과하면 산등성이를 올라가는 길이 나타난다. 몇 년 전《뉴욕 타임스》의 한 기자가 하루키의 집 주변에서 잠복을 하다가 동네를 러닝하는 하루키를 만나 인터뷰를 한 적도 있다고 한다.

하루키는 해외에서 많은 시간을 보내기에 이곳은 마치 별장과 같은 느낌도 있지만 하루키는 이 집에 오하시 아유미를 초대해 식사를 대접하

오이소 역 大磯驛
주소 神奈川県中郡大磯町東小磯1

기 위해 근처에 생선을 사러 나가기도 했다.
문패에는 '시나몬 잉크 자료실-무라카미'シナモン インク 資料室 - 村上라고 써 있다. 하루키다운 인상적인 문구다. 블로그에 따르면 이 동네에서 하루키가 조깅하는 모습을 본 주민도 있고, 동네의 생선 가게에서도 보았다고 한다.
좀 더 가까이서 보기 위해 왼편의 길로 돌아가 현관문도 살짝 엿보았다. 사생활 노출을 꺼리는 하루키이기에 최대한 조심해서 집을 돌아보고 언덕을 내려왔다. 다시 역으로 내려오다가 길에서 만난 러너를 보고 '하루키인가' 하고 깜짝 놀라기도 했다.

시나몬 잉크 자료실
シナモン インク 資料室
주소 神奈川県中郡大磯町東小磯

하루키가 즐겨먹는 과자
후나바시야 오리에

오이소 역을 등지고 왼편의 큰길로 내려가, 다시 사거리에서 우측으로 가면 국도가 나오는데, 이곳에 하루키가 에세이에서 종종 언급했던 과자 가게 후나바시야 오리에 船橋屋織江가 있다.

센베이부터 감씨 과자까지 직접 과자를 만들어 내는 곳이다. 가게 안은 과자를 만들어 내는 분주한 모습과 맛있는 과자 향으로 가득 차 있었다. 맛있어 보이는 감씨 과자를 종류별로 샀다. 한국에 돌아와 지인들에게 하루키가 즐겨 먹었던 과자라고 소개하며 선물했는데, 반응이 아주 좋았다. '파인딩 하루키' 여정의 기념품이라고 할 수 있는 과자가 사라져 가는 것이 아쉽기만 하다.

후나바시야 오리에 船橋屋織江
주소 神奈川県中郡大磯町大磯 1035
위치 오이소 역에서 남쪽으로 300m
시간 08:30~18:30(일요일 휴무)
전화 0463-61-1316

전업작가의 길을 걷기 시작하며 정착한 동네
가타세니시하마 해수욕장

하루키의 오이소 자택을 둘러보고 도쿄로 올라가는 길에 후지사와에 들렀다. 이곳은 하루키가 전업 작가로의 전환을 꾀하고 1980년대 초에 《세계의 끝과 하드보일드 원더랜드》를 집필하며 지냈던 마을이다. 실제 살았던 곳은 후지사와 역에서 조금 떨어진 곳이지만, 바닷가까지 종종 나가서 산책도 하고 서핑도 즐겼을 것이다.

서핑에 대해서 하루키는 "지극히 개인적인 스포츠이며, 순수한 의미에서 정직함을 요구하고, 그것에 의해 진정한 자신의 존재를 응시하게 된다"고 하였다. 이 문구는 하루키의 팬이기도 한 신카이 마코토 감독의 영화 〈초속 5센티미터〉에서 두려움을 이겨내는 여주인공의 서핑 장면으로 오버랩되기도 한다.

후지사와의 가타세니시하마 해수욕장片瀨西浜海水浴場은 서퍼들의 집합소로, 여름이면 서퍼와 해수욕 인파들로 북적인다. 내가 방문한 때는 3월이라 그런 번잡함은 없었지만, 이미 많은 사람들이 해변가에 나와 여름을 맞을 준비를 하고 있었다.

후지사와 역 藤沢駅
주소 神奈川県藤沢市藤沢75

가타세니시하마 해수욕장
片瀨西浜海水浴場
주소 神奈川県藤沢市片瀨海岸2
위치 쇼난카이간 코엔 역에서 500m

서퍼들이 자주 찾는
호놀룰루 식당

해수욕장 산책을 마치고 호놀룰루 식당의 오픈 시간에 맞춰 식당으로 향했다. 후지사와 역에서 에노시마센江ノ島線을 타고 종점인 에노시마 역 바로 전인 쇼난가이칸코엔 역에 내려 국도를 따라 10분 정도 걸으면 된다. 호놀룰루 식당은 평일에는 딱 3시간밖에 영업을 하지 않아 시간을 잘 맞춰 가야 한다.

하루키는 에세이에서 이 식당에 서퍼들이 자주 와서 먹으며, 낮부터 맥주를 홀짝 거릴 수 있어서 좋고, 가격 또한 저렴해서 만족스럽다고 했다. 그리고 이후에 후지사와를 떠나서 자주 못 간다는 것에 아쉬운 마음을 표현하기도 했다.

가게에 들어가니 주방의 주인 아저씨와 서빙을 하는 아주머니 두 분이 계셨다. 가장 인기 있는 생선 튀김 덮밥을 주문해서 미소국과 함께 순식간에 먹어 버렸다. 이제, 도쿄를 떠나야 한다는 아쉬운 마음을 달래주었던 고마운 식사였다.

호놀룰루 식당 ホノルル食堂
주소 神奈川県藤沢市片瀬海岸3-24-25
위치 쇼난카이간코엔(湘南海岸公園) 역에서 600m
시간 11:00~14:00(토 10:00~14:00), 월요일 휴무
전화 0466-24-3223

디태치먼트 detachment & 커미트먼트 commitment

하루키의 작품 세계를 보다 잘 이해하기 위해서는 이 두 단어에 대해서 알아 두는 것이 좋다. 하루키는 데뷔 이후 사회적인 문제보다는 개인의 의식을 집요하게 파고들며, 개인의 아픔과 치유에 대해 관심을 가져왔다. 그러다가 1995년 일어난 두 가지 사건 한신 대지진과 옴진리교의 도쿄 지하철 사린 테러 사건이 그를 크게 바꾸어 놓았다.

개인의 의식에 대한 관심은 지속시킨 채, 사회 문제에 대해 보다 더 관심을 가지고 적극적으로 해결하고자 하는 노력을 보여 준다. 그것이 극명하게 드러난 것이 지하철 사린 테러 피해자와 가해 집단에 몸담고 있는 사람들의 인터뷰를 엮은 《언더그라운드》 발간으로, 이를 기점으로 그의 작품이 달라진다.

이후 《해변의 카프카》에서는 부조리하게 주어진 폭력에 대해 이야기하고, 《1Q84》에서는 '선구'라는 집단을 전면에 내세워 본격적으로 개인을 핍박하는 조직, 집단에 대해 이야기하고 있다. 예루살렘 상 수상 연설에서는 팔레스타인을 공격한 이스라엘을 '계란과 벽'으로 비유하면서 에둘러 비판했고, 카탈로니아상 수상 연설에서는 '지옥 문'이 열렸다는 격한 표현으로 일본 정부의 원자력 정책에 강력히 비판했다.

하루키 초기작과 그의 태도는 사회 문제와 단절되어 있는 디태치먼트적인 모습이었다면, 1995년 이후 그리고 2001년 9 · 11 테러를 겪으면서 사회적인 일에 대해 작가로서 책임 의식을 가지려는 모습이 커미트먼트라고 할 수 있다. 이에, 앞으로 하루키의 작품 활동과 그동안 외면해 왔던 작품 외적인 행보 또한 주목이 되고 있다.

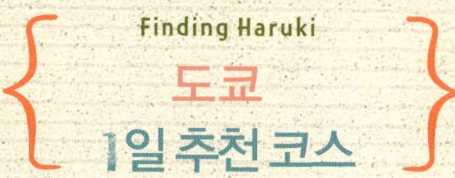

Finding Haruki
도쿄
1일 추천 코스

❶ 도쿄에서 첫 생활을 시작한 하루키

20대 초반 하루키의 모습을 볼 수 있는 코스다. 와세다 대학을 시작으로 와케이 기숙사, 진보초 고서점가로 천천히 산책을 해 보자.

| 와세다 대학 도야마 캠퍼스 p.212 | 와케이 기숙사 p.217 | 산세이도 서점 p.220 |

도쿄에서 첫 생활을 시작한 청년 하루키가 다닌 학교

대학 초년 시절 생활했던 곳

하루키가 주로 이용했던 서점

❷ 청년 시절의 하루키를 찾아가는 하루

JR 주오센을 따라 하루키를 찾아 나선다. 첫 번째 피터캣 자리가 있는 고쿠분지를 보고, 돌아오면서 가치조지의 이노카시라 공원을 둘러보자. 센다가야로 와서 두 번째 피터캣 자리를 둘러보고, 진구 구장에서 야구 경기를 관람하면 알찬 하루 코스가 된다.

고쿠분지 피터캣
p.228

하루키가 학창 시절 운영했던 첫 번째 재즈 카페가 있던 자리

이노카시라 공원
p.232

《스푸트니크의 연인》에서 스미레가 좋아하는 벤치가 있는 곳

센다가야 피터캣
p.234

하루키가 운영한 두 번째 재즈 카페가 있던 자리

진구 구장
p.236

하루키가 명예 팬으로 있는 야쿠르트 스왈로스 팀의 홈 경기장

❸ 《노르웨이의 숲》의 와타나베와 나오코를 따라 걷는 하루

와타나베와 나오코 그리고 와타나베와 미도리의 데이트를 경험해 보자. 이 날은 늦잠을 좀 자고 오전 늦게 요쓰야 역으로 가서 오후 내내 해가 질 때까지 고마고메 역까지 산책을 하고, 그들처럼 고마쓰안에서 소바를 먹고, 신주쿠로 이동해 보드카 토닉으로 마무리하면 최고의 날이 될 것이다.

오전

오후

요쓰야 역~ 고마고메 역 p.264

와타나베와 나오코를 따라 걷는 산책길

소바집 고마쓰안 p.269

와타나베와 나오코가 산책 끝에 들른 소바집

재즈 바 DUG p.270

와타나베와 미도리가 보드카 토닉을 마신 재즈바

❹ 《1Q84》의 세계로 들어가는 하루

수도 고속도로 3호선의 비상계단과 고엔지 중앙 공원에 섰을 때의 기분은 이루 말로 표현할 수 없다. 오전에 지쿠라로 천천히 기차 여행을 하고 돌아와, 산겐자야에서 시부야로 걸으며 수도 고속도로 3호선의 비상계단을 찾아보고, 바로 주오센을 타고 고엔지 중앙 공원으로 가 보자.

지쿠라 역
p.280

덴고의 아버지가 있는 요양소가 있던 곳

수도 고속도로 비상계단
p.282

《1Q84》의 이야기가 시작되는 곳

고엔지 중앙 공원
p.286

덴고와 아오마메가 재회하는 놀이터

Part 5

홋카이도에서 만나는 하루키

홋카이도는 일본인들에게도 휴양지로 여겨지는 곳으로, 여름에도 서늘한 날씨에 푹푹 찌는 한여름에 피서를 가는 사람들이 많다. 하루키의 작품 속에서 홋카이도가 배경으로 등장하는 작품은《양을 쫓는 모험》과《댄스 댄스 댄스》를 꼽을 수 있다.

《양을 쫓는 모험》에서는 주인공 '나'가 죽은 친구 쥐의 편지를 받고 양사나이를 찾아 떠나는 모험을 그렸다. 그중 '파인딩 하루키' 여정에서는 양사나이를 찾게 되는 비후카의 양목장을 찾아갈 예정이다.

《양을 쫓는 모험》을 끝으로 초기 3부작을 마무리한 하루키가, 그 이후의 주인공들의 (혹은 자신) 모습이 궁금하여 써 내려간《댄스 댄스 댄스》에서도 역시 양사나이가 등장하며《양을 쫓는 모험》에서 죽었음에도) 삿포로가 소개되는데, 양사나이 혹은 그의 혼령이 숨어 있는 돌고래 호텔이 있는 곳으로 삿포로가 등장한다.
《댄스 댄스 댄스》는 삿포로와 도쿄, 하와이까지 다양한 장소를 배경으로 하고 있어 읽는 재미를 배가시켜 주는데,《해변의 카프카》다음으로 내가 좋아하는 작품이다.

과연 홋카이도에서는 어떤 모습의 양사나이 혹은 하루키의 모습을 만날 수 있을까?

1 도쿄 - 신아오모리 - 하코다테로 가는 티켓
2 여행 중 캔커피로 수시로 카페인을 충전한다
3 열차 안에서 바라보는 석양과 바다
4 하코다테의 야경. 홋카이도가 훤히 내려다보인다
5 여행의 마지막 장소인 홋카이도. 뭔가 아쉽다
6 삿포로 가는 열차 안
7 하루키도 좋아하는 열차 도시락과 맥주

MAP 홋카이도

❶ 삿포로 역
주소 札幌市北区北6条西3-1-1

❷ 노보텔 삿포로
주소 札幌市中央区南10条西6-1-21
위치 나카지마코엔(中島公園) 역에서 도보 5분

❸ 아사히카와 역
주소 北海道旭川市宮前通西

❹ 나요로 역
주소 北海道名寄市東1条南6

❺ 닛푸 역
주소 北海道中川郡美深町字仁宇布

❻ 비후카 역
주소 北海道中川郡美深町字開運町

❼ 마쓰야마 목장
주소 中川郡美深町字仁宇布660
위치 비후카 역에서 버스로 30분
홈페이지 matsuyama-farm.com

다테
伊達

하코다테
函館

도쿄에서 홋카이도 하코다테로

홋카이도
양사나이를 찾아가는 여행

즐거운 경험이 많았던 도쿄를 떠나려니 아쉬움이 컸다. 하지만 홋카이도에서 만날 '파인딩 하루키' 여정을 위해 다시 기운을 내고 열차에 올랐다.
도쿄 역을 출발한 신칸센은 원전의 아픔이 있는 후쿠시마福島를 지나고, 아오모리青森를 지나 하코다테函館에 도착한다. 도쿄에서 하코다테로 가기 위해서는 신아오모리 역에서 환승을 해야 한다.

하코다테는 일본에서 처음 개항을 한 곳으로 개항 초기의 건물들이 현재도 보존되고 있어 이국적인 풍경을 자랑한다. 하코다테에서 하루를 묵으며 세계 3대 야경 중 하나인 홋카이도의 야경을 보고 '파인딩 하루키'의 마지막 일정인 홋카이도를 여행하기 전 잠시 휴식을 취했다.

이튿날, 삿포로로 가는 특급 열차 안에서 하루키도 극찬했던 도시락을 먹어 보았다. 여러 기차를 이용하면서 많은 도시락과 맥주를 먹었지만, 하코다테에서 삿포로로 이동할 때의 도시락이 최고였다. 창밖 풍경의 역할도 컸다. 도시락을 먹고는 이내 잠이 들어 삿포로 역에 기차가 들어서기 위해 속도를 늦추기 시작해서야 잠에서 깼다. 여정을 끝내고 싶지 않은 아쉬움이 깊이 배인 잠이었다.

홋카이도는 하루키의 초기작을 제외하면 배경지로 등장하지 않고 있지만, 작품 외적인 면에서는 종종 언급되기도 한다. 하루키가 울트라 마라톤 대회 참가차 방문한 홋카이도 몬베쓰의 사로호는 49.195km를 초과하여 달리는 마라톤이 열리는 곳으로, 마라토너들이 최종 도전으로 삼는 곳이기도 하다.

최근 하루키가 발표한 〈드라이브 마이카〉라는 단편에서는 홋카이도의 나카톤베쓰 마을의 담배 꽁초를 버리는 운전수를 묘사하면서 마을 위원의 항의를 받기도 했다.

양사나이가 숨어 살고 있는 돌고래 호텔
노보텔 삿포로

《양을 쫓는 모험》에서 양사나이를 찾아 나선 주인공은 돌고래 호텔에 머물게 되고, 《댄스 댄스 댄스》에서는 돌고래 호텔로 다시 가서 유미요시라는 여성과 양사나이와 재회하게 된다.

소설 속에서 묘사하는 돌고래 호텔은 삿포로札幌 도시 계획에서 토지 비리가 포착된 곳으로 묘사되는데, 당시 실제로 그런 호텔이 존재했고 (하루키는 아마 기사를 통해 알게 되지 않았을까) 그 호텔의 자리에는 지금 노보텔 삿포로가 자리 잡고 있다. 삿포로 여행을 가서 노보텔에 묵게 된다면 양사나이를 조심하자.

노보텔에서 삿포로 역 쪽으로 조금만 걸으면 스스키노 역이 있는데, 이곳에 양고기 구이 전문점 징기스칸이 있다. 무려 5개의 점포가 주변에 포진해 있는데, 맛이 기가 막히다. 개인용 화로에 생고기를 얹어 기호에 맞게 익혀 먹으면 되고 밥과 김치도 있다. 양사나이를 찾고 양고기를 먹는다니, 뭔가 통과의례 같은 의식과도 같았다랄까.

삿포로 역 札幌駅
주소 札幌市北区北6条西3-1-1

노보텔 삿포로 ノボテル札幌
주소 札幌市中央区南10条西6-1-21
위치 나카지마코엔(中島公園) 역에서 도보 5분

스스키노 역 すすきのの駅
주소 札幌市中央区南4条西4

징기스칸 다루마(본점)
成吉思汗だるま
주소 北海道札幌市中央区南五条西4 クリスタルビル
위치 스스키노 역에서 도보 7분
시간 17:00~03:00

마쓰야마 목장이 있는
비후카로 가는 길

양사나이를 찾게 되는 마쓰야마 목장은 삿포로에서 홋카이도의 내륙 한가운데로, 기차로 약 3시간을 달려야 한다. 가는 길에 삿포로 역에 있는 미스터 도넛에서 링도넛을 사서 커피와 함께 마셨다.
하루키의 단편 소설 〈양사나이의 크리스마스〉에 보면 크리스마스 이브 날 구멍이 뚫린 링도넛을 먹어서 양사나이가 저주에 걸린다는 내용이 나온다. 크리스마스는 한참 남았으므로 아랑곳하지 않고 얼른 양사나이를 찾아서 그의 저주를 풀어 주고 싶은 마음뿐이었다.
양사나이가 있는 목장은 마쓰야마 목장으로, 비후카美深에 위치해 있다. 삿포로에서 아사히카와旭川 역, 나요로名寄 역을 거쳐 도착하게 되는 만만치 않은 여정이다.
소설 속에는 닛푸 역仁宇布驛도 등장하지만, 현재 이 노선은 폐선되었다. 소설 속에서도 적자 노선이라는 내용이 나오는데, 하루키가 방문한 이후 폐선된 것 같다.

아사히카와 역 旭川駅
주소 北海道旭川市宮前通西

나요로 역 名寄駅
주소 北海道名寄市東1条南6

닛푸역 仁宇布驛 터
주소 北海道中川郡美深町字仁宇布

비후카 역 美深駅
주소 北海道中川郡美深町字開運町

양사나이를 찾아가는
마쓰야마 목장

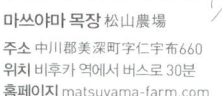

마쓰야마 목장은 비후카 역에서 내려 렌트카를 타고 더 들어가야 한다. 목장에 거의 다 와서 보니 사거리에 폐선된 닛푸 역 자리가 그대로 창고로 쓰이고 있었다. 사거리에서 더 들어가면 비로소 마쓰야마 목장에 도착한다. 하지만 이때까지만 해도 나는 홋카이도의 겨울이 4월까지인 것을 전혀 생각하지 못했다. 무릎까지 쌓인 눈이 나를 반길 뿐이었다.

마쓰야마 농장의 입산 가능 기간은 6월부터 10월이어서 농장을 둘러볼 수도 없었다. 6월부터 10월까지는 '양을 쫓는 모험' 2박 3일 투어도 진행된다고 하니 계절에 맞게 찾아가 꼭 한 번 체험해 보고 싶었다.

마쓰야마 목장 松山農場
주소 中川郡美深町字仁宇布660
위치 비후카 역에서 버스로 30분
홈페이지 matsuyama-farm.com

'파인딩 하루키' 여정의 마지막이 된 마쓰야마 양목장은 큰 의미가 있다. 하루키는 초기 3부작인 《바람의 노래를 들어라》,《1973년의 핀볼》, 《양을 쫓는 모험》을 통해 양사나이로 대변되는 하루키 자신의 존재 의미를 되돌아보며 기존의 모습에서 탈피하기 위해 양사나이(과거의 하루

키 자신)를 없애버리는 의식을 행한다. 이는 작가가 된 이후 자신을 다시 세우는 시도를 했다고 여겨진다.

'파인딩 하루키' 여정의 마지막을 장식한 마쓰야마 목장은 그런 의미에서 나에게도 새롭게 마음을 다잡는 계기가 되었다.

하루키가 계속해서 이야기하고 있는 개인의 존엄성과 위대함을 믿고 자신이 소중하게 생각하는 것을 거침 없이 밀고 나가는 것. 그것이 《1Q84》에서 말하는 사랑이든,《색채가 없는 다자키 쓰쿠루와 그가 순례를 떠난 해》에서 말하는 치유이든 개인이 믿는 것을 끊임없이 추구하는 것. 그것이 개개인의 존엄성을 가진 우리가 해야 할 일이고, 할 수 있는 일이 아닐까. 무엇을 어떻게 해야 할지는 이제부터 생각해도 결코 늦지 않을 것이다.

Travel Note

파인딩 하루키 여정을 마무리하면서 매일 맥주를 한 캔씩 마셨다. 그래야 일정이 정리되면서 잠을 청하게 되는 하나의 의식과도 같았다. 그러고 나니 파인딩 하루키 여정은 이제 캔맥주의 맛으로 기억되었다. 시원하고, 조밀하며, 끝고 맺음이 정확하다. 마치 하루키처럼.

여행 중에 계속 의미를 찾으려고 스스로 부담을 느낀 것도 사실이다. 하루키가 처음 부모님과 살던 동네에 도대체 어떤 의미가 있을까. 그가 여자친구와 가던 피자집에는 어떤 의미가 있을까. 하지만 돌이켜 보니 모두 쓸 데 없는 걱정이었다. 여정의 끝에 서 있는 지금 지난 일정을 돌아보면 매일매일이 캔맥주의 맛과 같았다. 파인딩 하루키 여정은 캬~ 소리가 날 정도로 정말 멋진 경험이었다.

하루키 인터뷰

음악과 집필 활동과의 상관 관계

하루키와 음악은 절대로 떼어 놓을 수 없다. 클래식부터 재즈, 록 음악까지 편식하지도 않는다. 아침에는 주로 클래식을, 러닝을 할 때는 록 음악을, 저녁에는 와인 한두 잔과 재즈를 즐겨 듣는 하루키에게 있어 음악과 집필 활동과의 상관 관계는 어떻게 이뤄져 있을까.

《색채가 없는 다자키 쓰쿠루와 그가 순례를 떠난 해》에서 피아노 연주곡 〈Le Mal du pays〉가 사용된 이유는 무엇일까?

저는 아침에 클래식을 듣습니다. 밤에 자기 전에 내일 들을 LP를 정해 두죠. 거기서 우연히 그 연주곡을 듣게 되어 사용하게 되었습니다. 잘 설명할 수 없지만, CD보다 아날로그 LP 쪽의 소리가 일을 진척시키는 데 더 좋습니다. 전 음악으로부터 응원을 받아가며 일을 해 나가고 있어요. 지금까지 계속 재즈를 들어와서 리듬곡에 익숙해져 있기 때문에, 문장을 써 내려갈 때도 리듬을 타며 씁니다. 저는 소설을 독학으로 배웠지만, 리듬을 타며 문장을 써내려 가야 한다고 생각하고 있어요.

- 2013년 5월 교토대 공개 인터뷰 중에서

음악은 가리지 않고 거의 모든 음악을 듣는다는 하루키는 작업 중에도 음악을 들을까?

아니요. 소설을 쓰고 있을 때는 음악을 듣지 않아요. 꽤 혼란스럽더라고요. 하지만 다른 작업인 에세이나 번역 작업 중에는 음악을 들어요.

― 2005년 미국 하버드대 인터뷰 중에서

작품 속 스토리와 음악이 서로 어떻게 관련을 맺고 구성이 이루어지는가에 대해서도 하루키의 이야기를 들어 본다.

관객을 초대해 춤과 마술을 보여 주는 것과 같다고 생각해요. 제가 소설 속에서 표현하고 싶은 것은 내가 선택한 단어들이 독자들을 초대해 놓고 음악에 맞춰 춤을 추는 거에요. 그래서 일정한 속도가 중요합니다.

전 제 작품을 읽는 독자들이 은유와 상징을 모두 완벽하게 이해하는 것을 바라지는 않아요. 재즈 공연을 보고 있는 관객의 발이 흥에 겨워 절로 움직이는 것을 막을 수 없듯이, 제 이야기도 그렇게 읽어 주었으면 좋겠어요. 그렇게 작품 속 단어가 적절하게 배열되어, 리듬을 타고 조화를 이루게 되어 이야기가 멜로디로서 독자에게 읽혀지는 것이죠. 그러면 가장 좋아지는 부분이 오게 마련이죠.

― 2007년 아르헨티나 일간지 〈라 나시온〉 인터뷰 중에서

전 글 쓰는 것에 대한 거의 모든 것을 음악으로부터 배웠습니다. 이런 말을 하면 역설처럼 들리겠지만, 음악에 그토록 심취하지 않았다면 전 소설가가 되지 못했을 겁니다. 지금도 혹은 앞으로 30년 후에도 계속 좋은 음악을 통해 글을 쓰는 데 중요한 요소들을 배우게 될 겁니다.

제 글 쓰는 스타일은 찰리 파커의 반복되는 리프 연주와 스콧 피츠제럴드의 우아하게 흐르는 산문으로부터 강한 영향을 받았어요. 그리고 문학 모델로서 마일즈 데이비스의 음악으로부터 저 스스로 계속해서 다시 새로워질 수 있는 중요한 요소도 배울 수 있었죠.

- 2008년 미국 일간지 〈뉴욕타임스〉 기고 글 '나는 어떻게 소설가가 되었나' 중에서

그가 생각하는 가장 멋진 뮤지션은 누구일까? 팝과 록, 재즈, 클래식을 좋아하는 하루키는 일본 음악도 들을까?

너무 많아서 고를 수가 없네요. 라이브 중 최고는 밥 말리지만요. 일본 뮤지션 중 제가 좋아하는 3명을 꼽으라면, 스가시카오 상과 오오니시 준코 상은 들어가지만 나머지 한 명은 어렵네요. 아 맞다. 오자와 세이지 상(지휘자)이 있었네요! '뮤지션'이라고 할 수는 없겠지만.

- 2012년 일본 문화 잡지 〈다빈치〉 이메일 인터뷰 중에서

하루키는 요즘 어떤 음악을 듣고 있을까?

아침에는 주로 클래식을 듣고, 저녁에는 주로 재즈를 듣습니다. 요즘 꿈이 있다면, 제가 예전에 살았던 곳에 다시 한 번 재즈 클럽을 여는 겁니다.

- 2014년 네덜란드 일간지 〈NRC〉 인터뷰 중에서

Finding Haruki
홋카이도 1일 추천 코스

하루키의 흔적을 찾아 홋카이도를 방문한다면 매년 6월~10월에 열리는 마쓰야마 목장의 '양을 쫓는 모험' 2박 3일 일정 캠프에 참여해 보자.

오전 — 삿포로 – 비후카 역 p.323 — 마쓰야마 목장 찾아가기

오후 — 마쓰야마 목장 p.324 — 양사나이가 살고 있는 곳

에필로그

하루키와 관련된 모든 곳을 직접 눈으로 보고 내 발로 걸어 보자는 마음으로 떠났던 24일간의 '파인딩 하루키' 여행. 여행을 다녀온 지 1년이 훌쩍 지난 시점에서 더 늦기 전에 더 많은 하루키 팬에게 선보일 수 있게 되었다.

2013년 4월, '파인딩 하루키' 여행을 다녀온 기록을 블로그를 통해 공개하기 시작했고, 하루키 팬들 사이에서 많은 지지와 관심을 받았다. '파인딩 하루키'라는 주제로 〈스펙트럼〉과 〈크래커〉라는 잡지에 글을 싣기도 했고, 평소 팬이기도 하고 국내 하루키 팬 하면 떠오르는 임경선 작가와도 SNS를 통해 알게 되었다.
무엇보다 '파인딩 하루키' 여정을 통해, 국내의 하루키 팬들에게 '하루키 테마 여행'을 선보일 수 있게 된 것이야말로 가장 기쁜 일이다.

그동안 블로그를 통해 국내에는 소개되지 않은 하루키와 해외 각국 언론사와의 인터뷰를 번역하기 시작하면서 작품만으로는 잘 알지 못하는 깊은 속내까지 엿볼 수 있게 되었다.

블로그를 자주 찾아오던 한 방문자가 하루키의 다른 인터뷰도 내가 번역한 글로 읽어 보고 싶다고 했을 때는 정말 기뻤다. 그중에서도 가장 보람되었던 것은 2010년 하루키가 '카탈로니아 국제상'을 수상했을 때 밤을 세워 하루키의 수상 연설문을 번역해, 다음 날 오전 국내 언론에서 기사가 나기 전에 블로그에 연설 전문을 포스팅했던 일이다. 이 작업은 앞으로도 계속될 것이다.

24일간 떠났던 '파인딩 하루키' 여정 이후 나는 무엇을 더 해 볼 수 있을까? 본문 중에 언급했던 하루키 마라톤 대회는 꼭 열어 보고 싶다. 그의 책들이 그득한 카페도 운영해 하루키를 초대하고 싶은 꿈도 현재 진행 중이다.

끝으로, 파인딩 하루키 여정을 함께 해 준 독자 여러분들께 감사드리며, 만화가의 꿈을 가지고 있었던 아빠와 홀로 계신 엄마, 그리고 동생 May에게 사랑을 전하며, 이 책을 바칩니다.

참고문헌

1. 하루키 서적

《바람의 노래를 들어라》, 윤성원 역, 2004, 문학사상사
《1973년의 핀볼》, 윤성원 역, 2004, 문학사상사
《양을 쫓는 모험》, 신태영 역, 1995, 문학사상사
《세계의 끝과 하드보일드 원더랜드(1, 2)》, 김진욱 역, 1996, 문학사상사
《댄스 댄스 댄스(상, 하)》, 유유정 역, 1989, 문학사상사
《상실의 시대》, 유유정 역, 2000, 문학사상사
《노르웨이의 숲》, 양억관 역, 2013, 민음사
《노르웨이의 숲(상, 하)》, 임홍빈 역, 2008, 문사미디어
《국경의 남쪽, 태양의 서쪽》, 임홍빈 역, 2006, 문학사상사
《태엽 감는 새(1, 2, 3, 4)》, 윤성원 역, 1994~1995, 문학사상사
《스푸트니크의 연인》, 임홍빈 역, 2010, 문학사상사
《해변의 카프카(상, 하)》, 김춘미 역, 2003, 문학사상사
《먼 북소리》, 윤성원 역, 2004, 문학사상사
《어둠의 저편》, 임홍빈 역, 2005, 문학사상사
《하루키 일상의 여백》, 김진욱 역, 1996, 문학사상사
《하루키의 여행법》, 김진욱 역, 1999, 문학사상사
《하루키의 여행법(사진편)》, 김진욱 역, 1999, 문학사상사
《달리기를 말할 때 내가 하고 싶은 이야기》, 임홍빈 역, 2009, 문학사상사
《언더그라운드》, 양억관 역, 2010, 문학동네
《언더그라운드 2-약속된 장소에서》, 이영미 역, 2010, 문학동네
《1Q84(1, 2, 3)》, 양윤옥 역, 2009~2010, 문학동네
《잡문집》, 이영미 역, 2011, 비채
《색채가 없는 다자키 쓰쿠루와 그가 순례를 떠난 해》, 양억관 역, 2013, 민음사

* 무라카미 라디오 시리즈

《저녁 무렵에 면도하기》, 권남희 역, 2013, 비채
《채소의 기분, 바다표범의 키스》, 권남희 역, 2012, 비채
《샐러드를 좋아하는 사자》, 권남희 역, 2013, 비채

* 에세이 걸작선

《세일러 복을 입은 연필》, 김난주 역, 2012, 문학동네
《코끼리 공장의 해피엔드》, 김난주 역, 2012, 문학동네
《해 뜨는 나라의 공장》, 김난주 역, 2012, 문학동네
《쿨하고 와일드한 백일몽》, 김난주 역, 2012, 문학동네
《발렌타인 데이의 무말랭이》, 김난주 역, 2012, 문학동네

2. 관련 저서

《사진으로 보는 하루키 문학 세계》, 후카미 하루카 저, 김유곤 역, 1999, 문학사상사
《하루키를 좋아하세요》, 보물섬 편집부 저, 김경인 역, 2005, 한스미디어
《하루키와 노르웨이의 숲을 걷다》, 임경선, 2007, 뜨인돌
《문학동네》, 2010, 가을호

《하루키 하루키》, 히라노 요시노부 저, 조주희 역, 2012, 지학사
《당신의 하루키, 나의 고베》, 조아라, 2013, 디앤씨북스
《웰컴 투 하루키 월드》, 쓰게 데루히코 저, 윤혜원 역, 2013, WILLCOMPANY
《작가란 무엇인가》, 권승혁·김진아 역, 2014, 다른 출판사

3. 사이트

도쿄쿠레나이단 : www.tokyo-kurenaidan.com
하루키 팬 블로그 : www.haruki-murakami.com
위키피디아 하루키 페이지 : ja.wikipedia.org/wiki/村上春樹
첫 번째 피터캣 직원의 블로그 : www.douban.com/note/83279665/
저자의 블로그 : finding-haruki.com

4. 기사 및 인터뷰

일본 잡지 《Jazz》 인터뷰, 1975.5.特別增大号 • 미국 문학 잡지 〈파리 리뷰(Paris Review)〉 인터뷰 www.theparisreview.org, Haruki Murakami, "The Art of Fiction" No. 182, 2004. • 하버드대 인터뷰 www.hcs.harvard.edu, "Metonymy and Spaghetti", 2005. • 미국 일간지 〈뉴욕 타임스(New York Times)〉 기고 글 "Jazz Messenger" 2007.7.8. • 아르헨티나 일간지 〈라 나시온(La Nacion)〉 인터뷰 www.lanacion.com.ar, "Escribo cosas raras, muy raras", 2007.9.15. • 일본 잡지 〈몽키 비지니스(モンキービジネス)〉 후루카와 히데오와의 기획 인터뷰 2009. 봄호 • 독일 주간지 〈디 차이트(Die Zeit)〉 인터뷰 www.zeit.de, "Du willst in die Hölle? Also bitte, geh doch!", 2001.3.22. • 예루살렘상 수상 연설 "벽과 달걀", 2009.2.15. • 노르웨이 일간지 〈다그블라데트(Dagbladet)〉 인터뷰 www.dagbladet.no, "Kan Murakami-festivalen forklare forfatterens popstjerne-status?", 2010.8.18. • 독일 일간지 〈프랑크푸르터 룬트샤우〉 인터뷰 www.fr-online.de/, "Die Welt ist aus den Fugen", 2010.11.3. • 미국 일간지 〈뉴욕 타임스(New York Times)〉 기고 글 www.nytimes.com, "Reality A and Reality B", 2010.11.29. • 일본 잡지 《Number》 "하루키가 말하는 달리기 노하우(村上春樹ランを語る ライナーノーツ)", 2011.2. • 카탈로니아상 수상 연설 Discurs d'acceptació del XXIII Premi Internacional Catalunya, Somiadors "poc realistes", 2011.6. • 프랑스 주간지 〈르 푸앙(Le Point)〉 www.lepoint.fr, "Le renouveau esthétique se produit dans les sales conjonctures", 2011.8.25. • 영국 일간지 〈가디언(Guardian)〉 인터뷰 www.theguardian.com, "I took a gamble and survived", 2011.10.14. • 미국 일간지 〈뉴욕 타임스(New York Times)〉 인터뷰 www.nytimes.com, "The Fierce Imagination of Haruki Murakami", 2011.10.21. • 하와이 칼레오 대학 인터뷰 www.kaleo.org, "Acclaimed Japanese author Haruki Murakami debuts book" 2011.10.25. • 프랑스 일간지 〈르 몽드(Le Monde)〉 인터뷰 www.lemonde.fr, "Entrevista: Haruki Murakami, écrivain universel", 2011.11.2. • 스페인 일간지 〈라 반구아디아(La Vanguardia)〉 인터뷰 www.lavanguardia.com, "Mi novela '1Q84' quiere describir todo lo que existe", 2011.11.6. • 아마존닷컴 블로그 www.omnivoracious.com, "Joy and Surprise", 2011.12.14. • 일본 문화 잡지 〈다빈치(ダヴィンチ)〉 이메일 인터뷰 2012.10월호 • 오스트리아 일간지 〈디 프레세(DiePresse)〉 인터뷰 diepresse.com, "Haruki Murakami: Kennen Sie Franz Fuchs?" 2013.7.29. • 야쿠르트 스왈로스 명예 회원 선정 기고 www.yakult-swallows.co.jp, "구장에 가서 홈팀을 응원하자", 2013.9. • 네덜란드 일간지 〈NRC〉 인터뷰 www.nrc.nl, 2014.1.10. • 독일 주간지 〈디 차이트(Die Zeit)〉 인터뷰 www.zeit.de, "Es gibt nicht nur eine Realität", 2014.1.16.

하루키를 찾아가는 여행

초판 1쇄 발행 2014년 4월 20일

지은이 신성현 | 편집 양정희 | 디자인 조은해
발행인 양정희 | 발행처 낭만판다

출판신고 2011년 10월 25일 | 등록번호 제396-2011-000310호
주소 경기도 고양시 일산동구 백석로 71번길 14-13, 4층
전화 070-8848-2608 | 팩스 0303-0942-2608
이메일 nangmanpanda@naver.com
홈페이지 www.nangmanpanda.com

ISBN 979-11-950601-2-2 13980

저자와 출판사의 허락 없이 내용의 일부를 인용하거나 발췌하는 것을 금합니다.
잘못 만들어진 책은 구입처에서 바꾸어 드립니다.

이 도서의 국립중앙도서관 출판시도서목록(CIP)은 서지정보유통지원시스템 홈페이지(http://seoji.go.kr)와
국가자료공동목록시스템(http://www.nl.go.kr/kolisnet)에서 이용하실 수 있습니다.
(CIP제어번호: CIP2014010683)